CUBA, TODOS CULPABLES
(RELATO DE UN TESTIGO)

(Lo que no se sabe del dictador Batista y su época)

COLECCION CUBA Y SUS JUECES

EDICIONES UNIVERSAL. Miami, Florida, 1977

RAUL ACOSTA RUBIO

CUBA,
TODOS CULPABLES

(RELATO DE UN TESTIGO)

(Lo que no se sabe del dictador Batista y su época)

P. O. Box 353 (Sherandoah Station)
Miami, Florida 33145 USA.
1977

© Copyright by Raúl Acosta Rubio

Library of Congress Catalog Card Number: 77-075166

Dibujo de la portada por Monki

Fotos: Archivo *El Mundo*, Caracas

Depósito Legal: B. 46.089-1977

Printed in Spain   *Impreso en España*

Impreso en el Complejo de Artes Grícas Medinaceli, S. A.
General Sanjurjo, 53 - Barcelona-25 (España)

A los que murieron, en uno y otro bando, en la infecunda lucha fratricida.

Que no fue creada la vida del hombre para entregarla a causas sin merecimientos.

A los cubanos; a los que padecen allá y a los que sufren acá.

Y también, a la Historia, que juzgará.

R. A. R.

PRÓLOGO A UN LIBRO VALIENTE

Raúl Acosta Rubio fue testigo excepcional de los sucesos que narra en este libro, o se atuvo a versiones de primera mano. Como secretario privado del general Batista, colaboró con éste en la preparación del «golpe» militar del 10 de marzo de 1952, le acompañó durante aquella audaz incursión en el campamento militar de Columbia y participó activamente en las gestiones prístinas de formación del nuevo gobierno. Al año siguiente abandonó el cargo de secretario, pero conservó lo que en lenguaje palaciego llaman «derecho de mampara», hasta que, el 1 de enero de 1959 y en ese propio campamento militar, Batista epilogaba con precipitada fuga hacia la vecina isla de Santo Domingo, un proceso que, por diversas causas, pudo remontar la historia con vuelo de águila, pero, tras la fulguración de las promesas iniciales de revisión, fue perdiendo continuamente altura y acabó por hacer del vuelo a ras de tierra de las gallináceas, su estilo de acción política.

Han transcurrido ya más de tres lustros desde aquella fuga. Tal lapso, indudablemente, brinda una retrospectiva suficiente como para esperar objetividad en el enfoque de los acaecimientos que llevaron al colapso del régimen. Además, la circunstancia de que el otrora «hombre fuerte de Cuba» yace en un cementerio madrileño, debe hacernos suponer que no actúa sobre su ex secretario el mecanismo de inhibición que podría hacerle soslayar ciertas escabrosas incidencias que dañan la imagen de quien —más allá de fricciones en la gestión de gobierno— fue durante años su amigo, jefe y también un poco ídolo, como el propio Acosta Rubio confiesa.

El autor no defrauda esta expectativa. Con valiente y admirable sinceridad, extrae de sus recuerdos un memorial que, de hecho, es un proceso al régimen que ayudó a nacer en las penumbras de aquel sótano del Círculo de Oficiales de Columbia desde el cual Batista preparó la sedición de las tropas. En ese memorial, a veces con hedores de miasmas y a veces con aromas de floresta, está el acontecer en los entretelones del poder durante el septenio trágico. El fácil acceso de Acosta Rubio a las cámaras áulicas, le permitió adquirir el conocimiento de los personajes, juegos de fuerzas, intereses creados y situaciones conflictivas, que constituyen las claves determinantes del desenlace acaecido el 1 de enero de 1959. Sin embargo, este conocimiento íntimo de los hechos importantes, o menudos pero significativos, no basta por sí para que la memoria sea un trasunto de historia viva. Se necesita agudeza para discernir los elementos realmente decisivos; esto es, para descubrir y ofrecer a la posteridad el modo como se fueron entretejiendo los hilos que acabaron por formar la malla que asfixió al régimen. Veterano periodista, político y a ratos novelista, Acosta Rubio junta todas estas vocaciones para presentársenos en este relato como un cronista que, con buen bagaje de información, husmea «lo que es noticia», y nos ofrece la verdad, no a la manera del matemático, dentro de un esquema árido, sino con los efectos de luz y sombras, matices, contrastes, que utiliza el pintor para crear atmósfera. Con estilo tajante y al par ameno, describe situaciones embarazosas, retrata personajes, cuenta anécdotas de sutil sensibilidad humana o terriblemente cínicas, anota rivalidades menudas, bosqueja las grandes intrigas y, en fin, reconstruye una trama histórica en la que se mezclan tonadillas de teatro bufo y aires trágicos.

A medida que se avanza en la lectura de estas memorias, se hace más patente que cuanto aconteció posteriormente, fue el resultado lógico, ineluctable, de los comportamientos de quienes, por sus posiciones de mando o de liderazgo político, tenían virtualmente la suerte de Cuba en sus manos. Este desolado presente, con cientos de millares de cubanos deambulando por tierras extrañas, se gestó en el vientre de aquel triste septenio. Surgió del connubio de la ambición y la irresponsabilidad. La pugna por el poder llegó a ser tan feroz que los dirigentes con fuerza decisoria, no discriminaron entre lo superficial y lo raigal, entre el fenómeno político necesariamente transitorio y las soleras institucionales que se empezaron a sentar el 10 de abril de 1869, cuando se constituyó la primera República en Armas. Por supuesto que hubo excepciones en uno y otro campo, pero precisamente por su singularidad no dan el tono de la época, que es en definitiva lo que importa.

Conocí a Acosta Rubio en los días de lucha contra la dictadura del general Machado. A él le acababa de nacer su segundo hijo, y yo me iniciaba en la actividad política militando en el Partido Comunista de Cuba. Él no era militante, pero sentía inclinación hacia las actitudes radicales de muchos jóvenes latinoamericanos de aquella época. Si el camagüeyano Gaspar Betancourt Cisneros reflejó el estado de ánimo de los jóvenes latinoamericanos de su tiempo con sentimientos de criollidad, diciendo, en su pintoresco estilo, que el nombre de Bolívar embriagaba como el alcohol, un siglo más tarde podía decirse que los nombres de Lenin, Rosa Luxemburgo, Mella, cautivaban con análoga fuerza de atracción a las juventudes de América, que empezaban a tomar conciencia de la necesidad histórica de cambiar las estructuras sociales, con arrastres de feudalismo y ataduras de colonialismo económico.

Esta evocación de los lejanos días de comienzos de los años treinta, cuando conocí a Acosta Rubio, pone de manifiesto el notable contraste entre aquella circunstancia y esta que ahora vivimos en el exilio, mientras en Cuba se desenvuelve una revolución que se proclama socialista y de redención nacional, nuestro paradigma juvenil. Por entonces, Acosta Rubio era un «compañero de ruta», que cedía el local de su periódico «El Indio Bravo» para que se celebrara una reunión clandestina del SNOIA (Sindicato Nacional de Obreros de la Industria Azucarera), y yo formaba parte de la «fracción» comunista responsable de condicionar la lucha en los ingenios azucareros y plantaciones de caña, encaminada a echar abajo la legislación que, entre otras felonías, consagraba la jornada de 12 horas de trabajo, en turnos de 6 por 6. Y, ¿ahora qué? Ahora Acosta Rubio me pide que le prologue un libro que saldrá a la luz pública en el destierro. ¿Qué ha acontecido entre una y otra circunstancia, aparentemente tan contradictorias? Quizá la respuesta se encuentre en este otro episodio, intermedio, cuando Acosta Rubio y yo volvíamos a coincidir, esta vez en el empeño de organizar un nuevo partido político, que acordamos bautizar, a modo de anuncio de sus proyecciones, con el nombre de Unión Radical. Las rosas del entusiasmo y la decisión juveniles frente a las estructuras arcaicas, no se habían marchitado; pero de ellas brotaba un nuevo perfume. Habíamos restablecido el nexo con aquel avatar de los jóvenes criollos a quienes el nombre de Bolívar embriagaba como el alcohol. Nos habíamos persuadido, como otros muchos combatientes de los años juveniles, de que nuestra herencia de libertad y espíritu humanístico debía encajarse en el idearium de redención social y nacional. Éramos conscientes de que el país, no obstante los avances que logró la revolución de cuño «populista» de 1933, necesitaba profundas reformas institucionales, que podrían realizarse sin renunciar al esquema filosófico de ese precioso legado.

El intento de crear una nueva alternativa, naufragó en el ambiente de política minúscula hacia el cual derivó el régimen. Decep-

cionado, abandoné el PUR tras fracasar en el propósito de que se sometiesen a discusión los temas socioeconómicos planteados a la nación, y se franquease la vida hacia unas elecciones con participación de todos los partidos políticos. Acosta Rubio permaneció en el PUR; pero, como Alfredo Nogueira, antiguo aprista copartícipe en su fundación, se sintió cada vez más aislado y descontento con el sesgo que tomaba el régimen, hasta que «estalló» en una entrevista con Batista que narra en este libro-memoria.

Cuando Batista se adueñó del poder en 1952, aduciendo como causa o pretexto —júzguese como se quiera— la incapacidad del gobierno para interpretar las legítimas aspiraciones de la nación, tenía ante sí una sola opción histórica, tanto por esta decisión de interrumpir el ritmo constitucional que él mismo había reinstaurado, como por sus antecedentes políticos. Inspirándose un poco en la acción reformadora del general mexicano Lázaro Cárdenas, de quien se decía amigo, había sido pionero en la América Latina de un nuevo estilo político, que ponía fin a la proscripción legal de los partidos comunistas, se solidarizó con la República Española, auspició la formación de la Coalición Socialista Democrática (en alianza con los comunistas), creó las condiciones para la celebración de una asamblea constituyente que redactó la carta constitucional de 1940, considerada la carta política más avanzada de su tiempo en América; y, como para rematar este perfil de un nuevo estilo político, Batista dio el ejemplo en 1944 de unas elecciones honestas, acatando después la decisión de las urnas, adversas para los partidos de gobierno.

En los años de régimen auténtico que siguieron, el Partido Comunista fue nuevamente proscrito, su periódico confiscado y sus dirigentes sindicales expulsados de la CTC (Confederación de Trabajadores de Cuba). Había motivos para esperar que Batista, al encabezar una sedición militar que le volvió a situar en el poder, reiniciara aquel estilo político y, sobre todo, que le impartiera más contenido de reforma. Esa fue la idea que pareció dominar en el momento inicial. Al menos ella se dibujaba con nitidez en la introducción política que antecedía al Estatuto Constitucional. Y, en los hechos, la propaganda oficial se empeñaba en crear una imagen de su esposa como heroína popular, al bautizarla con el nombre de Marta del Pueblo. En el recién estrenado Consejo Consultivo se elaboraba un proyecto de reforma agraria, y en el ámbito del nuevo régimen se alzaban voces que clamaban por la reestructuración de los sindicatos y el cese de la proscripción legal del Partido Comunista. Estos esbozos de política de izquierda crearon la atmósfera que llevó al ingeniero Carlos Hevia, ex candidato *auténtico a la presidencia de la República, a formalizar en Washington unas declaraciones (aparecidas en el Christian's Science Monitor), en las que acusaba al gobierno cubano de estar «en convivencia» con el Partido Comunista, señalando concretamente al subsecretario del Trabajo Arsenio González y al autor de este prólogo, a la sazón ministro de Comercio, como encubiertos comunistas.*

En aquel momento, Fidel Castro era un joven de poco más de 25 años, que, con anterioridad al 10 de marzo de 1952, procuraba abrirse paso hacia el Congreso de la República. ¿Qué rumbo hubiera tomado la historia contemporánea de Cuba, si Batista, de acuerdo con sus antecedentes, legaliza al Partido Comunista y lo invita a una nueva alianza, con un programa de reformas y de política de desarrollo? Evidentemente, se habría creado un medio sociopolítico en el cual Castro, con su fino olfato, habría captado que su camino no era el «camino verde» hacia el Pico Turquino como jefe guerrillero, sino que debía persistir en su empeño de ocupar una curul de legislador. El nuevo Perú que emergió del «golpe» militar del general Velasco Alvarado, sugiere la imagen de este supuesto medio sociopolítico que pudo configurarse en Cuba.

Pero ya se había desvanecido la «luna de miel» entre Washington y Moscú, bajo la cual se planeó el asalto a la Alemania nazi; vivíamos en el ajetreo de la «guerra fría»; la política de persecución alentada por el senador McCarthy, restallaba como un látigo en los círculos norteamericanos del poder; y Batista, de espaldas a su historia y genuflexo ante el vecino poderoso, se plegó a sus dictados. El líder sedicioso del 10 de marzo, renunciaba a instrumentar el poder como fuerza catalizadora de una nueva era. Abjuraba de su reciente pasado y, con ello, desechaba la oportunidad que le había brindado la historia para rehacer su efigie. Prefirió fundirla en oro. Desde el Senado, combatí la ley que creó el BRAC (Buró de Represión de Actividades Comunistas), réplica criolla del «macarthismo» yanki; demandé la revisión del sistema de relaciones comerciales entre Cuba y los Estados Unidos (posible dentro de un marco de amistad y de ventajas mutuas, si a la «ley del embudo» de la «reciprocidad» entonces vigente, sustituía el espíritu comprensivo de Lincoln); y me enfrenté con toda aquella política de sometimiento al extranjero fuerte y de interpretación miope de la dinámica doméstica. Me temo que Batista, ya en el camino de la claudicación, cerró el paso al Senado a Raúl Acosta Rubio en las elecciones de 1954, con la sospecha —quizá no infundada— de que se alzarían contra la enana política predominante.

El régimen se cerró a cal y canto. Ni emprendió el programa de reformas que esbozó en sus albores, ni facilitó una solución de la crisis institucional en que se había hundido el país. Bajo la presión popular, cedió ante quienes clamábamos por la amnistía de los asaltantes al cuartel Moncada. Pero a este paso no siguió el de una flexibilización política que abriera el diálogo. Fidel Castro embarcó hacia México, donde elaboró su hábil estrategia, centrada en la idea de erigir una resonante tribuna en lo alto de la Sierra Maestra; y tiempo después la opinión pública era galvanizada por el gesto de los jóvenes rebeldes de míticas barbas que desafiaba a un dispositivo militar y policíaco de casi cien mil hombres. La política cubana se polarizó en torno a dos nombres: Batista y Castro. Los partidos adversos al régimen se plegaron a esta polarización;, y el destino de Cuba quedó virtualmente sellado, porque los intentos de abrir una tercera vía se estrellaron ante la precaria acogida que les brindaba la opinión pública, que no veía indicios reales de un diálogo del que saliesen las condiciones indispensables para garantizar unas elecciones honestas.

El juego de fuerzas que modeló a la Cuba de hoy, se desenvuelve en una secuencia caracterizada por la paradoja. Batista, al conocer los informes secretos respecto a la postura de Washington (de los cuales Acosta Rubio ofrece detalles precisos), descartó la posibilidad de reactualizar su alianza con los comunistas, que, al recomponerse, contaría con la presencia del grupo auténtico encabezado por Miguel Suarez Fernández, que desaprobó la política de persecuciones al Partido Comunista; en cambio, los dirigentes auténticos que llevaron a cabo esta política, y la jerarquía ortodoxa, hostil por principio a cualquier tangencia con el marxismo-leninismo, apoyaron al Movimiento 26 de Julio, que resultó finalmente vinculado a los comunistas; el gobierno norteamericano, por su parte, decretó el embargo de armas contra el régimen de Bautista, que, si no decidió la victoria de los guerrilleros, fue indudablemente un importante factor; y en el acto final de esta antinómica secuencia, Fidel Castro, ya en el poder, confesaba que siempre fue marxista-leninista, mientras que los políticos batistianos, auténticos, ortodoxos y disidentes del 26 de Julio, sorbían los amargos tragos del exilio, como los «grandes» de la burguesía criolla, y el gobierno norteamericano pretendía estrangular con el bloqueo económico a la naciente revolución caribeña. Castro espetaba una sonora carcajada ante los jerarcas de la oposición política, la burguesía y la diplomacia yanky, que lo habían supuesto una «pieza» dúctil. En definitva, les había tomado el pelo.

En el libro de Acosta Rubio, hay abundante material informativo a través del cual se ve operar este juego de fuerzas. Testigo, protagonista en buena parte y observador acucioso, su autor ha rastreado en el recuerdo y, sin ambigüedades, nos presenta las vísceras del régimen. Muchas cosas interesantes hasta ahora inéditas, salen a la luz en estas memorias, por ejemplo el proceso de cómo surgió y fracasó el intento de una conversación entre Carlos Prío y Batista, que, tal vez, hubiera cortado el «nudo gordiano» que dificultaba el acuerdo entre oposición y gobierno.

Como comentario final cabe apuntar que el libro, en última instancia, es didáctico, porque de él se desprende una moraleja. Al poner al desnudo la pobreza de miras y —a veces— la sordidez que dominaron en el enfoque de la problemática cubana, estas memorias dejan en el aire implícitamente una advertencia, que nos recuerda el lenguaje sentencioso del profeta Daniel, y me aventuro a interpretar así: en esta hora latino americana que vivimos, o los gobiernos conducen los asuntos públicos con el oído puesto en la tierra para recoger las instancias de la historia, y las oposiciones juegan con las reglas limpias de la responsabilidad política, o el huracán del guerrillerismo al estilo castrista asaltará las ciudadelas del poder, que, socavadas en sus cimientos, se habrían de derrumbar como se derrumbó la estructura institucional cubana.

Y añado —bajo mi exclusiva responsabilidad— que la lección de la historia debiera calar en la conciencia del exilio para persuadirle de que la política que exige el momento actual, no es ciertamente mendigar apoyos en Washington, sino adoptar un programa nuevo, que, aceptando como hecho histórico irreversible las nacionalizaciones de las grandes empresas y todo lo que tiene de esencial el proceso de transformaciones que se han venido desenvolviendo en Cuba, reclame la restauración de los derechos y libertades que conquistó Latinoamérica en lucha contra el despotismo colonial. Cuando el exilio (desentendido de comprometedores nexos con Washington) presente esta faz ante América y el mundo, podrá ganar las adhesiones populares y crear las condiciones de distensión que son indispensables para lograr una apertura liberal en la Gran Antilla. La cuestión que se nos plantea, ante el desgarrón de un exilio masivo, no consiste en pretender que la rueda de la historia gire hacia atrás, sino que los nuevos modelos de desarrollo económico, convivencia social y poder político, sigan el rumbo que indican el Manifiesto de Montecristi y el Discurso de Angostura.

Posiblemente algunos personajes del exilio, congénitamente anacrónicos, que sueñan con una «repris» en aguas del Caribe de la política de «garrote» y cañoneros de Theodore Roosevelt, me acusen de solapado comunista al leer este prólogo, que el coraje de Acosta Rubio ha consentido que sirva de pórtico a su libro-memoria, que es en verdad un libro-denuncia. Tal imputación no me sorprendería —ni me importa— porque no sería nueva, como no es nueva la esencia de la tesis sustentada. Es la misma que flotó sobre las páginas del libro El Empleo en Cuba *y del periódico* Rescate *(asaltado por la policía a las 48 horas de vida). Es la tesis de la tercera vía, que apunta hacia un nacionalismo revolucionario, imbuido del sentido socialista que exige la complejidad económica de nuestro tiempo, y con la raíz hincada en la filosofía liberal de los grandes próceres latinoamericanos del pasado.*

RAÚL LORENZO

Caracas, 27 de abril de 1976.

HUIDA DE CUBA
Y LAS PERIPECIAS DE UN VIAJE

El avión de reconocimiento que el Coast Guard —servicio norteamericano de guarda costas— había enviado para nuestra localización hizo tres vuelos rasantes de popa a proa sobre el flying bridge del Piriel II, cuando ya estábamos a menos de media milla de Tortuga Dry. En el último pase el avión remontó rumbo al norte, pues había identificado, sin duda, el nombre del barco en el espejo de popa.

Un viaje que normalmente yo había hecho en unas siete y media horas nos había tomado ya, desgraciadamente esta vez, más de doce. Y ello, pese a que hice que mi hijo Raúl trajera de La Habana en el barco que se robaría en el río Almedares, a Raúl Pérez, un joven pero avezado navegante cuya infancia había transcurrido a bordo de una goleta pesquera en las aguas del Golfo de México. Él había sido, por más de dos años, el patrón de «El Louzi».[1] Macuá, un pescador de Bahía Honda, puerto el más próximo a Cayo Largo[2] había sustituido a Pérez, mientras a éste lo había colocado en un trabajo de electricidad y mecánica en la Capital. Pero «Macuá» era temeroso del mar y jamás había navegado más de siete millas más allá de la costa. Hombre responsable, casado y con tres hijos, disponía de una buena casita que yo le había construído en el propio cayo, y de un bote a motor que usaba su familia, tanto para viajes de placer como para trasladarse a tierra firme en gestiones o compras.

No fue impericia del patrón, ni nuestra, la causa de aquella tardanza, sino el hecho, advertido cuando llevábamos más de cuatro horas de navegación, de que la brújula del Piriel II estaba rota y nos orientábamos a rumbo instintivo y fijándonos en el Sol. A las cinco horas, más o menos, noté que una fortísima corriente marítima endurecía el mando de la nave. Temiendo lo que después pude comprobar con tornillos y tuercas hice un escandallo cuyo peso pasaba los siete kilos; y cual no sería mi sorpresa cuando sentí que la corriente se llevaba a gran velocidad aquel peso. Estábamos, sin duda, en el canto del Golfo de México, y, consecuentemente, muy distanciados del rumbo que debíamos llevar, o séase, Cayo Hueso.[3]

La situación empeoró al mirar las agujas de los relojes marcadores de los tanques de gasolina, y advertimos que tal vez no nos alcanzara para cubrir la distancia que aún nos separaba de nuestra meta. Fue por ello que mi hijo Max y yo, indistintamente, llamamos al Coast Guard utilizando el radioteléfono, y seguros de que nos encontrábamos bien lejos de las aguas jurisdiccionales cubanas. Para colmo, eran muy pocos los barcos deportivos cubanos que tenían en su radio la frecuencia del Coast Guard, y fue utilizando la llamada de «barco a barco», y hablando en inglés, que el servicio de guarda costas supo de nuestro llamado y se comunicó con nosotros al través de igual frecuencia.

Al informar a la estación norteamericana que nuestra brújula estaba dañada no pudiendo navegar con conocimiento de los puntos cardinales, nos preguntaron hora de salida, lugar de partida, y tiempo aproximado que llevábamos de navegación inquiriendo la velocidad crucero del yate. Creo que fuimos muy exactos en suministrar todos los datos interesados. «We call you again» sonó en la radio como una esperanza.

Había transcurrido más de una hora y no teníamos la menor noticia de la marina norteamericana. Insistimos. El Coast Guard nos respondió preguntándonos si no habíamos visto un avión que salió para nuestra localización. Tanto mi hijo, como el patrón y yo, registramos aquel lindo y límpido cielo de enero sin observar la menor mancha en él. La impaciencia y la preocupación nos alteraron los nervios. ¿Dónde estaríamos que un avión militar de reconocimiento tras más de una hora de vuelo no se había siquiera acercado por nuestro cielo visible? ¿Habríamos caído en error, y estaríamos en aguas jurisdiccionales de la Cuba convulsa?

Nuestra situación se agravó ante la falta de alimentos y de agua potable, pues habíamos consumido ya en casi nueve y media horas el avituallamiento previsto para siete, tiempo más que razonable para que aquel yate, con 38 pies de eslora y dos potentes motores marinos, cubriera la distancia entre aquella parte norte de la costa cubana y la lengüeta del territorio norteamericano.

Un puntito negro sobre la mar, allá lejos, nos entusiasmó y aceleré los motores. Media hora después el punto había desaparecido y unos minutos más tarde, hacia el Norte, avistamos un carguero petrolero. ¡Este es el paso de los barcos! gritó Pérez alegremente. «Tomemos ese rumbo, cargando un poco hacia el nordeste, y pronto veremos costa norteamericana», apunté. Creyendo que arábamos en el mar, no llamamos más al Coast Guard.

Seguimos navegando con el uso de un solo motor para ahorrar combustible, y no recuerdo cuanto tiempo después veíamos otro punto que aparecía y desaparecía entre las olas. Nuestra esperanza nos hizo afirmar que se trataba de tierra, y alentado por la fe, expresé que se trataba de Tortuga Dry, islote que yo había visitado muchas veces en mis largas y periódicas pesquerías por el Caribe.

Fue, cuando ya habíamos confirmado que se trataba de la isla donde EE. UU. había levantado el histórico y famoso Fort Jefferson, que el avión sobrevoló el Piriel II.

Si algo resulta difícil y peligroso para un navegante es entrar a la pequeña ensenada donde está el muelle del Tortuga Dry. Pero yo lo había hecho muchas veces, y conocía los puntiagudos arrecifes y el estrecho canalizo. Atraqué al muelle. Cuando bajamos ansiosos por un café o alguna tisana caliente, el guardabosque de guardia me advirtió que no podía estar atracado allí más de diez minutos, invitándome a que fondeara en la ensenada. Al decirle que quería comprar café, leche, cigarrillos y pan, y obtener un poco de agua, fue tajante en expresarme que allí nada podía adquirir, ni vendido ni regalado pues disponían, exactamente, de lo imprescindible para sus necesidades. La cara de pocos amigos y el desagradable tono de su voz, impidieron que insistiera. Nos fondeamos en la ensanada.

Comencé a trastear en todos los rincones de la embarcación en busca de un pedazo de nylon y un anzuelo. En la despensa, totalmente desprovista, hacia un rincón, había un estropeado carrete con varios metros de nylon, y en una punta, un enmohecido anzuelo del número tres. Me faltaba la carnada. Trasteo de nuevo, y en una gaveta debajo de la cocina hallé un viejísimo pedacito de pan, y, esperando el milagro, comencé aquella ridícula gestión de pesca. Cuando el pan caía al agua se disolvía de inmediato, pero las hambrientas rabirrubias se encimaban, voraces, sobre aquella muy soluble carnada. Insistí. Recordé que no hay peor gestión que aquella que no se hace. Y el esperado milagro se realizó, ya que uno de aquellos pequeños peces casi se traga el anzuelo inmediatamente de caer al agua. ¡Nuestra hambre sería mitigada! Corté los filetes de aquel pequeño pescado y a la media hora tenía ocho lindas rabirrubias a bordo. Pérez encendió la cocina —la bombona de gas estaba a medias— y sujetándolos con un tenedor fue asando los pescados, mientras mi hijo se quejaba de que les faltaba sal. «Métetelos rápidamente en el agua salada y les das gusto» aconsejó Pérez. Ellos lo hacían así, mientras yo comí los míos sin más aliño que mi hambre.

Durante las últimas horas de navegación estuve oyendo la radio cubana. Conocí la voz de más de un locutor que días antes había elogiado a Batista y recibido beneficios del régimen, ahora glorificando al nuevo amo, y despotricando contra funcionarios a quienes antes había homenajeado. Pero no fue hasta en la noche, ya anclado en la pequeña ensenada, que se citó mi nombre en una de aquellas emisiones noticiosas donde el nuevo gobernante era saludado como a un Mesías.

«Después de robarse a punta de pistola el yate Piriel II, en los muelles del Almendares, huyó al extranjero el secretario privado de Batista, el periodista Raúl Acosta Rubio. Seguiremos informando».

Esas, más o menos, fueron las palabras mentirosas del locutor de turno. Mentirosas, porque si bien era cierto que yo había huido al exterior, era falsa la manera en la cual el yate de Amador fue utilizado por nosotros. La historia fue esta:

Cuando fui notificado en horas tempranas de la mañana del día primero de enero, de la huida de Batista, cosa que hizo el teniente Cañizares, jefe naval del puesto de Bahía Honda, y quien se presentó al cayo instándome a que fuera en seguida para La Habana, pues se había constituido una Junta Militar en Columbia, decidí no moverme de allí hasta conocer el sesgo que tomaran los acontecimientos. Por ello coloqué en la radio, de escucha, a Salvador García con la orden de escribir en una libreta todas y cada una de las noticias que se fueran transmitiendo. Pedí colgaran una hamaca en Parque Edwin —jardincillo al cual puse el nombre de mi hijo segundo— y después me acosté allí a pensar en la decisión que, de acuerdo al rumbo de la revolución, debía tomar. Y permanecí hasta la hora del almuerzo meditando en el cómodo chinchorro.

Mientras almorzaba fui leyendo la libreta escrita por García. Cada nueva noticia me desanimaba más, y me inclinaba a abandonar el territorio nacional. Y lo decidí, ordenando a mi hijo Raúl que, con la compañía de Ramírez, fuera para La Habana, tomando el automóvil del sargento Aledo que tenía placa particular, y ninguno de los nuestros que la llevaban oficial. Que fuera a nuestra casa de la urbanización Miramar, y tratara de sacar de ella todo aquello de valor que le fuera posible y, de manera muy especial, las prendas de su mamá que estaban en una cajita de seguridad incrustada en la pared, y cuya combinación él conocía. Pero que hiciera esto último sin correr el menor riesgo, ya que lo más importante estaba en llevarse un barco del río Almendares, pues el nuestro tenía floja la hélice, ya que un amigo de él, allá por los días mediados de diciembre lo había tratado de arribar de popa a la costa, sin saber que aquel fondo estaba poblado de altas y puntiagudas rocas. Le instruí más o menos el tipo de barco que era necesario; y él conocía, mejor que yo, las embarcaciones de todos nuestros amigos. Así fue como Raúl, conociendo al Piriel II y fiando a la amistad y las molestias que Amador me había dado en anteriores ocasiones, se decidió por aquella embarcación sin tener la previsión de revisar el instrumental de navegación.

En la libreta de García no aparecía noticia alguna relativa a saqueos populares contra residencias de representativos del régimen derrumbado. Pero cuando mi hijo llegó a La Habana nuestra casa había sufrido ya el segundo saqueo, y nada pudo salvar. Yo confiaba —muy ilusoriamente, por cierto— que en el apartamento que tenía alquilado en el Vedado y que sólo conocían algunos íntimos, estuvieran a buen recaudo algunas escrituras, unas pocas acciones, varios documentos mercantiles de verdadera importancia para mí. También fue saqueada y violentada mediante procedimientos técnicos la caja fuerte que había mandado semi-empotrar en la última habitación.

De todas las pertenencias de mi casa de Miramar sólo pude disfrutar, después, un juego de cubiertos de plata que la sirviente de un vecino arrebató a un sujeto que cargaba, además, un aparato televisor. ¡No todo, gracias a Dios, estaba podrido en Dinamarca!

Y tan no era todo pillaje, odio y revanchas, que nuestra salida de Cuba estuvo aceptada y hasta protegida por los honestos muchachos del 26 de Julio que en Bahía Honda formaban la dirigencia del Movimiento, fundado y jefaturado por Fidel Castro. Denunciado por complicidad en mi huida fue arrestado, días después, el jefe del grupo, apellidado Wilson, y quien era amanuense en la notaría de mi amigo y condiscípulo del colegio La Empresa, allá por los años 23 a 24, doctor Eloy Cepero.

Aunque Wilson resistió en principio a mi salida de Cuba, alegando se requería autorización de su jefe inmediato superior el comandante Derminio Escalona, en definitiva aceptó y hasta me facilitó doscientos galones de gasolina y dos litros de aceite con destino al Piriel II, que había llegado a Cayo Largo con el tanque prácticamente vacío. Para lograr la actitud pasiva de Wilson alterné la dialéctica de la convicción con la amenaza, combinándolas muy convenientemente en evitación de un rompimiento que a nadie beneficiaría. Nosotros éramos siete hombres[4] fuertemente armados y disponíamos, inclusive, de dos ametralladoras Thompson, y ellos, nueve muchachos entusiastas, pobremente armados. Si bien es cierto que el teniente Cañizares, obedeciendo instrucción del Almirantazgo, había entregado su ametralladora a Wilson, supe de inmediato, por la forma en que la colocó sobre sus piernas, que era la primera vez que tenía en su poder un arma de esa naturaleza. Nosotros, por el contrario, todos habíamos practicado con varios tipos de armas de fuego y nos considerábamos expertos en su manejo.

Muy temprano en la mañana echamos el bote auxiliar al agua y llegamos a tierra. Sentíamos hambre, y, sobre todo, la ansiedad de ese café mañanero tan indispensable al cubano. El cielo estaba de un gris subido, y flotaba una brisa norteña fría y sospechosa como anticipo a esos violentos vientos del Norte que enfurecen el Caribe y de los cuales sufrimos tantos, cada año, en las costas cubanas.

Dos parejas venían bordeando el mar, y los hombres cargaban sendas canastas de esas que utilizan para trasladar alimentos en los picnis. Max Enrique fue hacia ellos dándoles alcance. Segundos después todos estaban junto a mí, brindándome el famoso *coffee* norteamericano, sandwiches de jamón y queso, y dos huevos duros. Desde el barco, Raúl esperanzado, saludó, y fueron ellos quienes, generosamente, ofrecieron igual menú para el patrón.

Se trató de dos matrimonios jóvenes, muy amigos. Uno de los maridos era hombre rana del ejército norteamericano, y el otro, soldado. Muy pronto intimaron con nosotros, y les ofrecimos nuestros antecedentes políticos y familiares mostrándose sensiblemente preocupados por nuestra situación, y se nos ofrecieron con bondad casi familiar. Nos dijeron que ellos regresarían a Key West al día siguiente. Nosotros les informamos que también saldríamos ese mismo día.

Cuando estábamos en el grupo llegó uno de los guardabosques y nos notificó que tenía a nuestra disposición cien galones de gasolina y los cuales deberíamos pagar en las oficinas del Coast Guard en Cayo Hueso, si traíamos dinero con nosotros, y a su vez, nos ofreció pan, huevos, leche y café, sorprendiéndonos ciertamente aquel brusco cambio de actitud. El otro guardabosques, con paso apurado llegó hasta nosotros, diciéndonos que le acababan de informar, por la radio, que soplaría un fortísimo viento norte con peligro para pequeñas embarcaciones, razón por la cual deberíamos posponer nuestro viaje a Cayo Hueso.

Dos días después, en la lancha de los matrimonios norteamericanos estábamos sobre una mar picada, viajando a Key West. El Piriel II, con Raúl Pérez al timón, se regresaba a Cuba. Supe semanas más tarde que aquel pobre y valeroso muchacho había sido hecho prisionero al tocar costas cubanas, permaneciendo en la cárcel por varios días.

Con extrema dificultad y ayudado por las manos de un inspector de inmigración que ya nos esperaba, pude subir al alto muelle, mientras Max lo hacía fácilmente. Acompañados por el funcionario echamos a andar, y poco después veía, atracado, al Martha II, el barco de Batista, y en cuyo salón de popa los contralmirantes de la Marina cubana bebían unos cocteles. Un poco más adelante oí que me llamaban por mi nombre, y al voltear la cabeza en averiguación, vi a Rolando Masferrer quien, desde su PT comprada como deshecho de guerra dos años antes al gobierno norteamericano, me saludaba con cariñosas expresiones. Al preguntarme el inspector si yo era amigo de «ese tipo» dije solo conocerle, acompañando las palabras de un gesto de indiferencia. Era evidente que Masferrer no era santo de la devoción de aquel funcionario, y en tales momentos juzgué inoportuno vincularme a él. Ya dentro de una caseta, el inspector nos rogó esperarle unos momentos. Regresó, y dijo que mi hijo, quien tenía en regla su visado norteamericano de estudiante, podía andar libremente por todo el territorio norteño mientras yo debía permanecer en Cayo Hueso, bajo palabra de honor, presentándome cada día en la mañana en las oficinas de Inmigración.

Yo había aprovechado nuestra caminata sobre el muelle para ofrecer al funcionario antecedentes personales que estimaba me avalaban, y debo confesar que ni mi hijo ni yo fuimos cacheados ni nuestro equipaje fue revisado. Y fue, en la propia camioneta del inspector que nos trasladamos a la ciudad, mientras en el trayecto aquel nos aconsejó hospedarnos en el hotel La Concha, el *más caro y lujoso de la ciudad*, en evitación de ser agredidos por los exiliados castristas cuya euforia les había hecho caer en varios excesos, según dijo el inspector.

Aquel hotel no tenía nada de lujoso, pero sí era, en verdad, una buena instalación hotelera. Mi primera gestión fue cambiar los pesos cubanos que llevábamos por dólares norteamericanos, lo que pudimos hacer en el propio hotel sin ninguna dificultad. (Días después habría sido imposible, y menos a la par, tal realizamos nosotros el cambio.)

Ignoro por cuál caprichosa razón el joven ascensorista, quien era cubano, me confundió con Otto Meruelo[5] divulgándolo muy rápidamente entre los cientos de exiliados cubanos cuya irresponsabilidad y peor educación les había hecho antipáticos a los lugareños. Aquel equívoco propició dos situaciones muy difíciles para nosotros, y en las cuales no quedó afectada nuestra hombría de bien, pero estuvimos en peligro de ser golpeados o muertos por dos grupos de agresivos y alborotosos fidelistas.

Al siguiente día, en una cafetería que los norteamericanos paradójicamente llaman *drug store* —cuando allí lo que menos se vende son medicinas— nos encontramos con el hijo mayor del que fuera ministro Miguel Ángel de la Campa, embajador en Washington a la sazón, otro muchacho hijo de un conocido hacendado, y a un sobrino de Gonzalo García Pedroso, director de la Renta de Lotería, y los cuales habían llegado a bordo de un moto velero denominado Komtiki. Nos contaron las peripecias de su viaje, y que solían hacer guardia cada noche en el moto-velero, donde dormían temerosos de un ataque de los exiliados.

Para aquella fecha había más de ochocientos exiliados en Cayo Hueso, y todos estaban ansiosos de regresar prontamente a Cuba. Pero disponían de un solo vuelo diario de Aerovías Q, habiéndose registrado en el aeropuerto diversos incidentes con necesidad de intervención policíaca por las peleas entre ellos para lograr sitio en las naves.

Al segundo día de estadía en el hotel decidimos, ante la dudosa situación mía y lo limitado de nuestros recursos económicos, trasladarnos a una cabaña. Max lavaba la loza mientras yo hacía labor de cocinero, y entre ambos nos dividimos el trabajo de limpieza del local y arreglo de las camas. Después de un incidente que degeneró en rápida riña a puñetazos, la policía dispuso una vigilancia especial en derredor de nuestra cabañita, lo cual nos permitía dormir profundamente.

Mis hijos Edwin y Dafne, con quienes había hablado telefónicamente a Caracas, me mandaron tres mil dólares, con los cuales hice, primero que nada, la compra de los pasajes del resto de la familia que había quedado en Cuba, y algunas ropas, pues todas habían sido robadas en los saqueos. Al sexto día el gobierno norteamericano me ofrecía asilo político, y me trasladé a Miami, donde, después de embarcar a mi hijo menor para Venezuela, esperé mi visado venezolano, y el cual llegó días después y otorgado por el entonces jefe de inmigración del país suramericano, coronel de la Rosa. Visado de inmigrante que me fue impuesto por el cónsul en Miami, mi buen amigo Diógenes Peña, en el pasaporte diplomático que yo poseía.

NOTAS

1. Nombre de mi cuarta hija, y que fue dado al yate que compré, embarcación modesta y de un solo motor.

2. Nombre de un cayo de aproximadamente ocho mil metros cuadrados, situado en la costa norte de la provincia de Pinar del Río, en la boca de Bahía Honda, y el cual mediante expediente, arrendé al Estado por término de cien años.

3. Cuando comprobé la fuerza de aquella corriente vino a mi memoria la existencia del llamado Triángulo de las Bermudas, conocido también como Triángulo del Diablo, y también, de La Mala Suerte, y donde han desapareccido embarcaciones, grandes y pequeñas, sin dejar el menor rastro de sus tripulaciones y pasajeros. Comprobé, meses después, que ciertamente, habíamos navegado dentro del fatídico «triángulo».

4. Me acompañaban esa vez, como en muchas anteriores, hombres de cuya lealtad, y fraterna amistad siempre me he sentido orgulloso: Juan Travieso Penichet —y su esposa—; José Monasterio, mi valet y amigo; Pedro Estrada, a quien llamábamos «Garant», hijo de un compañero de la prisión de La Cabaña en 1928; Salvador García, mi auxiliar por años; Ángel Ramírez, mi chófer en Cuba, mi compadre en el exilio.

5. Meruelo era odiado al extremo por los guerrilleros, a quienes llamaba bandidos y cuatreros, a través de un programa de televisión que se emitía diariamente desde La Habana para todo el país.

HORAS DE CONFUSIÓN.
EL 22 DE DICIEMBRE

Habiéndonos propuesto pasar Nochebuena y el Año Nuevo en el cayo, decidimos irnos para él antes de las festividades pascuales, y así, el 20 de diciembre estaba instalada allí toda la familia. Por razones personales viajé a La Habana el día 22. Fui a casa, me cambié de ropas y salí para Palacio, pues era hábito en mí visitarlo diariamente.

La Habana no ofrecía sino el aspecto acostumbrado de aquellos días festivos. Se conocía que numerosas familias pudientes habían determinado suspender sus tradicionales fiestas nocturnas, cosa que también habían acordado algunos clubes. Y era lógico. El terrorismo reinaba en la Capital y rara era la noche en la que no hacía explosión un artefacto malvado. Pero, con la intuición que es propia de los pueblos, algo por suceder encogía el ánimo colectivo. De otra parte, una ola de rumores propiciaba un cuchicheo alarmante. Las noticias que llegaban del interior de la isla revelaban la presencia de rebeldes en distintos pueblos del país, y la censura a los medios de comunicación hacía deformar la realidad, y apuntaba a los guerrilleros victorias bélicas que nunca tuvieron existencia. *Radio bemba*, como la chispa popular había bautizado aquella ola de rumores, parecía trabajar estos días con mayor intensidad que antes.

Cuando llegué al Palacio Presidencial no observé ninguna medida desacostumbrada de vigilancia o custodia. Aunque sí me extrañó la ausencia de visitantes. Allí se encontraba, además del personal habitual, el Ministro del Interior, doctor Santiago Rey, quien apoltronado en una butaca del salón del Consejo de Ministros estaba en actitud de meditación y preocupación. Al verme, después del saludo natural, me invitó a sentarme junto a él. Y comenzamos a considerar la situación nacional. Saliendo de su despacho, contiguo al citado salón, el Ministro de la Presidencia, Andrés Domingo y Morales del Castillo, tras un afectuoso saludo, soltó este comentario: «Algo pasa en París... Richelieu y Fouché conferenciando. ¡Ayúdanos, Señor!» y se dirigió hacia el despacho presidencial llevando un sobre grande de papel manila en la mano. (A esas horas no era costumbre de Batista despachar en el segundo piso, y se mantenía en el tercero.)

La conversación entre Rey y yo se limitó a un intercambio de informaciones y penosas consideraciones en relación a la situación nacional. Al regresar Andrés hacia su despacho, Rey le hizo tomar asiento junto a nosotros, y entonces le impusimos de cuanto habíamos hablado. Andrés se hizo el sorprendido, o de veras se sorprendió, cuando Rey le informó que en varias ciudades de su provincia, Las Villas[1] los rebeldes se habían adueñado de ellas por horas. Yo le conté que el tránsito por la carretera central, en la ruta a Pinar del Río, estaba prohibido después de las seis de la tarde, y que tenía constancia de ello por haberme avisado el comandante rebelde de la zona, Derminio Escalona, en una nota amenazante, y la cual me había llegado a través de un comerciante de Bahía Honda, amigo mío, apellidado Blanco.

—Eso hay que decírselo a Batista —señaló Andrés.
—Pues nadie mejor que tú —contestó Rey.
—No. Creo que Acosta-Rubio es quien debe hacerlo. Ya yo le indiqué algo, hace dos noches, y me dijo que los informes del Estado Mayor y el SIM lo tenían ciertamente informado de todo.

Yo objeté que ellos conocían el estado de deterioro de mis relaciones con Batista. Y que hacía más de tres meses que no hablaba con él. Y para colmo, lo había desairado no acudiendo a una invitación a almorzar que me había hecho hacía sólo dos o tres semanas. Y bien sabía Andrés lo que significaba aquel desaire para Batista. No obstante mi protesta, se acordó que yo, acompañado del Ministro Andrés, regresara esa propia noche a Palacio, para hablarle al Presidente.

—Él tiene hoy una sola audiencia, a las 10 —aclaró Andrés.

Cuando salía del salón de consejos tropecé al abrir una puerta con Jorge Mecallin, amigo personal de mi mayor estimación, Jefe del PUR en las Villas, senador electo, y muy ligado a la situación. Después de las felicitaciones de rigor me dijo que tenía muy buenas noticias, pues el día anterior, Roberto Fernández, el cuñado de Batista, le había asegurado que antes del día 6 de enero le pagarían un millón de los tres que le debían por concepto de sus contratos para obras públicas, y que ello había que celebrarlo, por lo cual me invitaba a unos tragos en el café Miami[2] citándome para la una de la tarde, ya que tenía pendiente otra conversación con el citado Fernández.

No me había separado cuatro pasos de Mecallin cuando el entonces subsecretario de Educación, doctor Eduardo Borell, de sopetón me hizo esta pregunta «¿Ya sacaste tu dinero para "afuera?"» —agregándome— «¡Raúl esto se fue al carajo!» Yo le regalé una sonrisa preñada de escepticismo, y seguí mi camino.

Mi chofer de muchos años de servicio, Ángel Ramírez, tenía la costumbre de pasar una de las dos fechas —Nochebuena o Año Nuevo—, con su madre y la otra en mi casa. Esta vez habíamos convenido que marchara el día 24, debiendo estar en el cayo el día 30. Por tanto, yo andaba al volante de mi automóvil.

Cuando iba por Prado, a la altura del hotel Sevilla, vi que Francis McCarthy, representante de la United Press International en Cuba, intentaba atravesar la alameda. Lo saludé e invité a tomar asiento junto a mí. Se excusó de hacerlo, invitándome a que pasada media hora lo visitara en el American Club, situado en el propio Prado unas pocas cuadras más adelante, y en cuya ocasión me impondría de una noticia cuya gravedad, «tú debes conocer». «Precisa que hablemos de eso, pues tú puedes aclararme cierto extremo en el que mantengo dudas.» Quise que ampliara informes, pero se limitó a decirme, despidiéndose: «Te espero en media hora. ¡No me falles!»

En razón de sus evidentes contactos con los dos bandos Francis era uno de los hombres mejor informados de Cuba. De otra parte disfrutaba de la íntima confianza del embajador norteamericano, Earl T. Smith. Habíamos hecho muy buena amistad y nos servimos mutuamente más de una vez. No iba a ser esa la primera vez que Francis me aportara valiosa información, pues en diversas oportunidades recibí de él confidencias que me sirvieron para mi vigencia política. Por ello me quemaba la impaciencia, y no entré al Miami, sino que lo hice al bar «Los Tres Ases» donde bebí un whisky con agua, mientras esperaba el tiempo convenido.

En un butacón hundido, tapándose medio cuerpo con las páginas abiertas del New York Times, estaba Francis en el American Club esperándome. Después de sondearme muy hábilmente y cerciorarse de que yo no tenía la menor idea acerca de la noticia que me iba a trasladar, me hizo jurarle que no comentaría con nadie lo que me iba a informar. Me dijo que el jefe del Ejército, general Tabernilla, había solicitado una audiencia del embajador Smith, y ya concedida ésta, el militar le había preguntado al diplomático si Washington aceptaría una Junta Militar que depusiera al general Batista. El Embajador, según me informó Mc-

Carthy, tenía concretas instrucciones de su Cancillería de no aceptar ninguna transacción que no tuviera el visto bueno de Fidel Castro, y dio a Tabernilla la evasiva de que debía consultar a Washington pues se trataba de un aspecto nuevo que nunca había sido considerado. Francis quería saber si Batista estaba detrás de aquella *solución*. Yo expresé mis dudas de que el Presidente, a quien conocía demasiado, se fuera por una fórmula de aquel tipo, y menos, que tomara a Tabernilla como instrumentador de la misma, y no porque dudara de la lealtad del viejo amigo, sino porque lo consideraba sumamente torpe para cualquier arreglo político. McCarthy, por el contrario, sostenía que era Batista quien se estaba propiciando una salida sin riesgo del poder, poniendo a salvo vida y fortuna.

En posesión de aquel secreto sentí robustecida mi posición para la entrevista que debería celebrar esa noche con el Presidente. Pues si de una cosa estaba absolutamente seguro, era de que Tabernilla estaba, en ese momento, conspirando contra Batista, ya que sabía que éste jamás habría confiado a aquel una gestión de esa naturaleza.

Mecallin llevaba tiempo esperándome en la barra. Al entrar al Miami, en una mesa a la izquierda, estaba mi amigo Ramón Blanco Interian,[3] colono, hacendado y comerciante, almorzando con el presidente de la Asociación de Colonos de Caña de Azúcar, y otra persona más que no recuerdo. Me llamaron ávidos de noticias y me hicieron preguntas relativas a la situación, que ellos, por su parte, consideraban muy grave. Me limité a restar importancia a los acontecimientos, y me despedí uniéndome a Jorge en el siempre grato quehacer de beber whisky con agua. Nada había alterado mi exterior y conversaba con el amigo con la naturalidad acostumbrada, pero por dentro de mí andaba la angustiosa procesión, ¿sería Tabernilla capaz de traicionar a su viejo amigo y jefe? ¿Tendría razón McCarthy, y Batista estaba preparando su retirada? Aun me faltaban horas para salir de aquellas quemantes dudas.

Cuando llegué al Palacio, en la antesala presidencial estaban el ayudante de guardia, algunos miembros de la escolta, y Andrés Domingo que bromeaba con un funcionario de la Secretaría. La audiencia que el Presidente había concedido —la única aquel ya trascendente 22 de diciembre— aún duraba. ¿Quién hablará con el general Batista, por tanto tiempo? me pregunté.

Conociendo al Presidente había ordenado, por vez primera, la entrevista. Sabía por dónde debía empezar, y cómo. Era muy importante, consideraba yo, que tuviera un gran tacto para llevar a feliz término sin que fuera interrumpida por un incidente mi conversación con Batista. Y máxime, cuando se había agregado un nuevo elemento, como lo era la entrevista Tabernilla-Smith. Un elemento que podía resultar dinamita. Batista, a medida que el tiempo pasaba, se iba creyendo más infalible. Y si a ello habían contribuido sus continuados éxitos, creo en mayor grado estuvo la contribución de aquéllos que le rodeaban y jamás le discutían ni contrariaban. De todos los hombres que frecuentaban a Batista en aquellos años sólo uno solía enfrentársele, con respeto pero con dignidad y energía, y ese honor debo hacerlo público: Amadeo López Castro.[4]

Antes de que el visitante asomara por el pasillo que comunicaba el despacho presidencial con el salón de consejos y también con la antesala pública, sonó el timbre que llamaba al ayudante de guardia. Éste hizo una reverencia al visitante, quien sin entrar al salón salió por la puerta que comunicaba con la antesala pública, pero yo pude verlo. Era el laureado cantante mexicano Pedro Vargas.

Andrés Domingo y yo entramos al despacho presidencial. El Ministro dejó unos documentos sobre la mesa, y salió. Me quedé solo con el Presidente. Éste tenía un color cianótico, y sus ojos denunciaban vigilia y había algo extraño en su mirada. Parecía recién entrado a una convalecencia, y no daba la impresión de aquel hombre enérgico que yo había conocido. Hasta sus gestos me parecieron torpes y desarmonizados. Cuando me acerqué tuve la ingrata sensación de que me aproximaba a un hombre a punto de enloquecer. Confieso que pese a las diferencias y discrepancias que habían enturbiado nuestra limpia amistad de años, sentí compasión por él.

La entrevista duró mucho menos del tiempo que había calculado. Y por vez primera oí de labios de Batista palabrotas de carretonero, pues nunca conocí hombre más distante de una grosería que él, ni aun en los momentos coléricos escuché de él una palabra vulgar, ni aun esas que hasta los clérigos suelen exclamar cuando un martillo les pilla un dedo.

Ante las circunstancias sorpresivas todo el orden que había programado para la entrevista se fue al diablo. Tuve que entrar en materia con brusquedad, aunque con respeto. Y cuando le dije que el Jefe del Ejército se había entrevistado con el Embajador norteamericano, se tornó un miura y exclamó violentísimo, que tal información era una infamia. Por tan irritante palabra me vi obligado a una aclaración enérgica que degeneró en el cruce de agrias palabras. Quería que le revelara la fuente informativa, y le expliqué las razones de honor que me lo impedían. Hubo un momento de silencio cuando él levantó la cortina de una de las ventanas que daban a la Avenida de las Misiones, desde donde se veía el azul mar. De pronto, se dirigió a su mesa, y levantando con las dos manos la pesada silla de caoba con el escudo nacional incrustado en lo alto del espaldar, me preguntó: «¿Tú quieres sentarte aquí...?» Y dejó caer violentamente el mueble haciendo ruido sobre la gruesa alfombra.

—Tal vez. Buenas noches, Presidente. Fue todo lo que le contesté. Y salí precipitada y desorientadamente, sin despedirme de nadie. Aquel era otro hombre. Uno que había fabricado su deposición y quería asirse, tercamente, a un poder que había él mismo puesto en medio de la calle. Pero de eso me di cuenta mucho después.

Me dirigí a la casa del doctor Santiago Rey en el Vedado. Por vez primera pisé por la calles de La Habana el acelerador de mi Cadillac con plena violación de las leyes del tránsito. Cuando me detuve frente a los jardines de la residencia del Ministro advertí que un auto radio-patrulla de la policía me había escoltado. Suspicaz me quedé en el jardín para cerciorarme de que se trataba de una cortesía y no de una orden de vigilarme, o arrestarme. La radio-patrulla pasó despacio frente al jardín, y al llegar a la esquina dobló, desapareciendo.

Le conté a Rey, muy resumida, la entrevista. Batista había asegurado que todo tendría pronta solución pues el primero de enero asumiría el mando del Ejército. Pero todo me lo dijo en forma desarticulada, violenta y hasta de un modo que traslucía no reflejar su íntimo y verdadero pensamiento. ¿Qué carta escondida tendrá bajo la manga de su levita el Presidente? Nos preguntamos Rey y yo. Nosotros estábamos bastante identificados, nuestra amistad se había hecho muy íntima, y coincidíamos en la mayoría de los puntos esenciales de lo que debe ser una buena política de gobierno. Hicimos diversas especulaciones, pero en ningúna estuvo incluida la posibilidad de que Batista abandonara el mando, pues en verdad, no había razones valederas para ello.

Contrariando, una vez más, al jefe rebelde Derminio Escalona, tomé camino al cayo al volante de mi auto. Eran ya casi las dos de la madrugada. Soplaba un viento frío, y multitud de cocullos con sus lucecitas azules formaban adornos a un lado y otro de la carretera posados sobre las malezas. Una luna grande, y anticipada, alumbraba mis pensamientos. Que se agitaban en la oscuridad de la confusión de mi cerebro.

NOTAS

1. Entre los pueblos citados estuvo Placetas, donde, según Rey, los alzados o rebeldes jugaron al billar en la sociedad más importante de la ciudad, sin encontrar resistencia militar, pues, la tropa permanecía acuartelada.

2. Situado en la esquina de Prado y Neptuno, solía ser el restaurante preferido de los políticos que gustaban de la buena comida y el excelente servicio.

3. Por meses habíamos mantenido la grata costumbre de almorzar juntos una vez por semana, alejándose él, últimamente, de aquellas semanales reuniones. Me lo expliqué cuando me informó que se había visto precisado a donar diez mil dólares a los rebeldes.

4. Fue uno de los pocos hombres que siempre coincidió conmigo en los planteamientos reiterados que hice a Batista, para cambios en aquella conducta que nos llevó a la hecatombe a todos.

BATISTA HUYE:
ME HAN DADO UN GOLPE DE ESTADO

No fui testigo de ninguno de los hechos que a continuación se relatan. Todos ellos me fueron contados por Justo Luis del Pozo, Anselmo Alliegro, Santiago Rey y Andrés Rivero Agüero. Por no venir de ellos, y por coincidir todos en las informaciones que me fueron dadas por separado, les concedo absoluta veracidad.

Batista había invitado a un reducido número de personalidades a esperar el Año Nuevo en su residencia del Campamento Militar de Columbia. Advirtió que la invitación no se extendía a las esposas, y que se trataba de beber unas copas de champaña a las doce en punto. (Según me informó mi mayordomo en Miami, pocos meses después, esa noche me llamaron a mi casa de Miramar de parte del Presidente, quien se encontraba en Columbia, sin dejar mensaje alguno).

Allí se encontraban, antes de la hora indicada, el presidente electo Andrés Rivero Agüero, el vice electo, Gastón Godoy, Andrés Domingo, Santiago Rey, Justo Luis del Pozo, Anselmo Alliegro y otra persona más que no recuerdo. Cuando se acercaban las doce todos estaban inquietos pues Batista no aparecía. Con el último campanazo que ponía fin a 1958 apareció el Presidente, nervioso, y quien saludó así: «¡Feliz Año Nuevo, señores!» Acto seguido el sirviente descorchó una botella del espumoso. Al hacerse el brindis interrumpió el general Pedraza, recién nombrado jefe de operaciones militares, y quien hizo un aparte con Batista. Inmediatamente de marcharse éste, y cuando Batista, de pie, se disponía a iniciar conversación con sus invitados, interrumpió Papo, el hijo mayor, quien también repitió un aparte. Y finalmente, cuando el Presidente cruzaba palabras alusivas a la fecha con sus visitantes, apareció en la escalera el doctor Gonzalo Güell, a la sazón Primer Ministro, quien después de un saludo a los presentes, y dirigiéndose a Batista: «Señor Presidente, los dominicanos esperan abajo.» Éste se excusó y anunció que regresaría de inmediato para continuar aquel simple festejo, bajando las escaleras seguido del ayudante de guardia coronel Cosme Varas.

Santiago Rey, quien había organizado en su residencia una fiesta, manifestó que se marchaba en razón de que el Presidente tardaba en regresar. Se le unió el alcalde de La Habana, del Pozo, quien alegó tener un compromiso. Los otros quedaron comentando los acontecimientos, y deseosos, sin duda, de regresar a sus hogares donde las familias esperaban.

Minutos más tarde apareció el coronel Varas quien, dirigiéndose al doctor Alliegro, le dijo: «Doctor, el señor Presidente le ruega que baje un momento.» Me contó Alliegro que teniendo en cuenta que aquello constituía una descortesía para el Presidente electo, quiso que éste le acompañara, a lo cual objetó el militar que era orden expresa de Batista que fuera solo el doctor Alliegro, y que después irían los señores presentes. Alliegro bajó solo, mientras arriba quedaban, intrigados ya, los otros.

En la pequeña antesala del despacho que había sido mío como secretario privado del Presidente de la República, y que ahora pertenecía al Jefe de los Ayudantes y también de la sección de tanques, general «Silito» Tabernilla, se hallaban varios de los militares oficinistas, y el genral Leopoldo Pérez Coujil, Jefe del SIM, quien, ayudado por su esposa, trataba de cerrar una abultada maleta poniendo sobre ella su rodilla derecha. Cuando Alliegro empujó la puerta que daba al despacho, fue instado a esperar unos segundos fuera. Inmediatamente llamaron a Alliegro y éste quedó sorprendido del cuadro que tenía delante: alineados, al frente, el general Tabernilla, jefe del ejército, y los Generales todos, de pie; tras el escritorio y de frente a los militares, el general Batista, y a su lado, Pedraza. Batista dijo estas palabras: «Alliegro, estos señores me han dado un golpe de estado». Anselmo, pensando que se trataba de una broma más del Presidente, le enmendó: «Querrá usted decir, señor Presidente, un golpe militar.»

Batista lucía pálido, y el rostro desencajado. Con toda gravedad expresó: «Doctor Alliegro, llámelo como usted quiera, pero es un golpe, y yo abandono el poder. Firme ese documento que le extiende el general Pedraza.» Alliegro era un fiel amigo de Batista y su admirador sin reservas y trató de disuadirlo, instándole a permanecer en el poder, e hizo varias alusiones a la historia del Presidente y al papel que jugaba en la cubana, y apeló a los compromisos que Batista tenía contraídos con el país. Como las palabras de Alliegro se extendían, el general Pedraza, ofreciéndole la pluma, le dijo al doctor al oído: «Doctor firme, rápido por favor, y antes de que la tropa se entere de que este hombre se va.» Y el Presidente del Senado, con toda solemnidad estampó su firma sobre el documento en el cual hacía renuncia a obedecer el precepto constitucional que le obligaba a asumir la presidencia de la República, en razón de que el vice-presidente en funciones había sido elegido alcalde de La Habana, y disfrutaba de licencia electoral.

Hasta en este culminante momento de su escapada Batista conservó su autoridad. No sólo hizo renunciar al doctor Alliegro, sino que impartió órdenes al general Eulogio Cantillo para que procediera a la formación de una Junta de Gobierno, indicándole, inclusive, los hombres que deberían integrarla. Los propios generales a quienes en ese acto Batista imputó traición, se quedaron silencioso y obedientes, como simples peones sobre un tablero, a los cuales Batista movía a su antojo. Las protestas contra Batista vinieron después, mucho tiempo después. Ninguno alzó su voz ni desenfundó su pistola para tratar de imponer su criterio, y ni siquiera, para defenderse de la vergonzosa acusación que Batista les había formulado. Respetaban *al hombre*.

Batista sólo dijo: «Buenas noches, señores», y salió rápidamente. En la antesala ya estaban Andrés Domingo y Rivero Agüero. Y cuando este último se acercó al Presidente, quien seguía caminando y le preguntó algo, Batista le dijo: «Ven conmigo, nos vamos.» Y Rivero preguntó: «¿A dónde, señor Presidente? Esta fue la respuesta: «Al extranjero.»

Me contó Rivero Agüero que era tanto el nerviosismo y la sorpresa que le dominaban que montó al automóvil primero que Batista, y ya dentro, expresó al Presidente que él no debía abandonar el territorio nacional por los compromisos que tenía contraídos con el país y sus amigos, y que, además, tenía una obligación con la República a la que estaba obligado a dar cumplimiento. Batista, nervioso expresó: «Andrés, todo esto se fue al diablo y hay que salvar el pellejo.» Entonces Rivero le preguntó: «¿Y mi familia, Presidente?» A lo que éste contestó: «No te preocupes, todo ha sido previsto. Ellos salen en otro avión.»

La familia de Rivero Agüero, como las de todos los amigos y colaboradores de Batista, quedó en Cuba dejada a su propia suerte. Como a ella habían quedado los amigos y seguidores de aquel hombre que, por espacio de años y años, fue árbitro de los destinos nacionales y uno de los auténticos líderes populares de la historia política de Cuba.

Mientras Batista, en inexplicable decisión, viajaba a República Dominicana, manejada por Rafael Leonidas Trujillo, la familia del

Presidente lo hacía a los EE.UU. en otro avión, y con varias maletas cargadas de dinero en efectivo y de las que era celoso guardián Manuel Pérez Benitoa.

Debo señalar aquí dos extremos poco conocidos. El primero se refiere a las relaciones Batista-Trujillo, que siempre fueron pésimas. En cierta ocasión un presidente centro-americano, amigo mío, deseaba visitar Cuba, y era lógico que tal visita fuera oficial y a invitación del gobierno de mi país. Fue entonces cuando conocí que Trujillo había estado en esos meses maniobrando para lograr invitación semejante, y Batista había eludido una respuesta «ya que no quiero, ni protocolariamente, estrechar la mano a ese hombre», me dijo. En su libro Sombras de América al único país latinoamericano que Batista no dedica una sola línea a su gobierno, ni cita al Jefe de Estado, es Santo Domingo, limitándose a una muy escolar descripción geográfica de su territorio. Años más tarde, ya Castro en la Sierra Maestra, compra Cuba a Santo Domingo los famosos rifles San Cristóbal de fabricación dominicana. Para ello fue necesario el viaje del doctor Gonzalo Güell y una serie de gestiones realizadas por representantes de intereses afines a Batista y Trujillo. Y esa fue, en realidad, la única relación entre Batista y el dictador quisqueyano.

El otro extremo se relaciona con la pérdida de una maleta con casi un millón de dólares y de cuyo extravío la esposa de Batista culpó a Pérez Benitoa. Yo conocí la acusación de boca del propio acusado en un almuerzo que nos ofreció a un grupito de cubanos en Madrid, y ante los cuales exhibió una famosa libretica negra donde llevaba la relación de los dineros que había entregado a Batista cuando en Cuba fungía como apoderado de éste, y de cuya posición fue sacado seguidamente al extravío de la citada maleta.

Batista permaneció mucho tiempo en Santo Domingo contra su voluntad. Trujillo no le concedía permiso para abandonar aquel territorio, pues quedaron nuevamente enemistados después de la entrevista en la que Trujillo ofreció a Batista poner el doble de la cantidad que éste aportara «para tumbar a Fidel Castro», y el General no aceptó. La versión de la entrevista me llegó al través de un íntimo de Batista que le acompañó en Ciudad Trujillo, y de un amigo del dictador dominicano que me la narró en Madrid, en una noche de fiesta.

Fue aquella la primera y la última entrevista celebrada entre los dictadores caribeños. Trujillo decidió cobrarle al cubano los rifles que le había vendido al gobierno. Para ello no titubeó en ordenar el arresto de Batista, y meterlo en el calabozo de una localidad inmediata a la Capital, donde Batista pasó varias horas. También ese propio día Trujillo ordenó desalojar a Batista de la mansión que le había propiciado, eliminándole la escolta oficial que también había dispuesto estuviera al servicio del general cubano, quien cargó con sus maletas y sus amigos para el hotel Jaragua.

Quienes conocimos a Batista sabemos de lo que ese hombre tan independiente siempre, tan absolutista, debe haber sufrido en aquel encierro del hotel Jaragua, y conociendo, además, que sus líneas telefónicas estaban intervenidas, y rodeado de espías por todas partes, y con su seguridad personal pendiente de las caprichosas determinaciones del dictador dominicano.

Cuando me llegó la noticia de la muerte de Batista, acaecida en Madrid mientras dormía, y víctima de un infarto cardíaco, pensé que esa era otra muerte que había que anotar en el haber de Rafael Leonidas Trujillo.

Ninguno de los amigos de Batista fue previamente avisado de su huida. Tampoco sus familiares más cercanos, como sus hermanos. Pero Roberto Fernández Miranda, hermano de Martha, conocía con suficiente antelación la escapada, pues limpió totalmente sus cuentas bancarias en Cuba. Apunto este hecho para apoyar mi tesis de la influencia que ese matrimonio operó sobre la conciencia y los pensamientos de Fulgencio Batista.

Apartando la consideración de orden moral que es natural a los lazos de familia, existió un factor político que puso en ridículo a Batista, como al resto de sus parientes, cuando Hermelindo, hermano de Fulgencio, fue llevado por los fidelistas a la televisión vistiendo un uniforme del Movimiento 26 de Julio. Aquel pobre hombre, víctima de una enfermedad hereditaria que lo fue enajenando lentamente, constituyó el más penoso de los espectáculos que intentaron degradar al régimen depuesto. Fue un show de concepción tan perversa como repugnante. Y creo que, entre las maldades, infamias y perversidades de aquellos días, nada dolió tanto a Fulgencio Batista, ni hirió tan profundamente sensibilidad extraordinaria de aquel pueblo cubano, tan habituado a la hidalguía de sus líderes y a las generosas acciones de los vencedores.

«Panchín», el otro hermano de Batista, pudo escapar milagrosamente, pues estaba enfermo de gravedad y había sufrido varias operaciones. Moriría después, en absoluta pobreza, en la ciudad de Miami.

Bueno es que el lector conozca que habiéndose producido la huida de Batista al amanecer del primero de enero, los bancos estaban cerrados ese día. Y que tampoco abrieron operaciones en los inmediatos siguientes. La ola de saqueos y arrestos que inundó a La Habana atemorizó a cuantos de alguna manera tuvieron relación con el régimen caído, al extremo de que cada uno de ellos trató de escapar al extranjero, huir al interior del país, o esconderse en la propia ciudad. Ninguno habría sido capaz de aparecerse en un banco a sacar parte o la totalidad de su depósito. Además, todo el mundo conocía la existencia de una Célula Bancaria en el Movimiento 26 de Julio, que debía estar vigilante sobre las cuentas o depósitos de funcionarios o allegados al régimen depuesto. En consecuencia, todos los funcionarios perdieron sus depósitos bancarios, pues más tarde llegó la famosa congelación que degeneró en confiscación.

Salvo aquellos poquísimos previsores que tenían intereses en el exterior, todos los miembros del gobierno de Batista, primero, y todos los cubanos en general, después, han salido de su país sólo con la ropa puesta.

10 DE MARZO:
UN GOLPE INCRUENTO

El golpe militar dado por Batista el 10 de marzo de 1952 fue incruento. Y ha sido, en la historia de los golpes militares y cuartelazos, de una naturaleza exclusiva. No estuvo apoyado en la complicidad de jefes militares en activo servicio, y fue, más bien, un golpe de audacia. Batista confió el éxito del mismo al creciente descrédito del gobierno y a la posible, y después comprobada, influencia de su personalidad dentro de las tropas. Solo dos hombres tenían en el Campamento de Columbia noticias de que aquella madrugada, un médico entraría al campo militar para atender la gravedad de un recluta, y ese médico era, nada menos, que el general Fulgencio Batista. Esos dos hombres lo eran el teniente Soujo, oficial de día, y el capitán García Tuñón. El primero facilitó la entrada del golpista ordenando a la posta que diera libre e inmediato acceso al doctor cuya medicina salvaría la vida de un joven recluta moribundo.

En el golpe estaban involucrados, sin embargo, varios ex-oficiales, y entre ellos, Pilar García, Aquilino Guerra y el general Francisco Tabernilla y Dolz y sus hijos, y a estos últimos correspondió la toma de la Fortaleza de La Cabaña, situada junto al Morro, del lado de allá de la bahía de La Habana.

Ficha importantísima de aquel movimiento lo fue el teniente Rafael Salas Cañizares,[1] quien, además de abrir camino con su auto patrulla a la entrada al Campamento de Batista, se hizo cargo de sumar al movimiento a los mandos policíacos de la Capital.

Y, en el interior de la República nadie estaba en conocimiento de que aquella madrugada el país cambiaría de gobierno.

La noticia, divulgada después de las siete de la mañana, de que Batista estaba en Columbia y tenía de su parte a La Cabaña, dio a los restantes mandos militares la seguridad de que el golpe estaba consolidado. Ambos cuarteles constituían las más poderosas guarniciones del país. (Castro, para impedir una repetición histórica, ha desmantelado ambas.)

En los regimientos del resto de la nación hubo confusión en las primeras horas. Pero, con la sola excepción de la provincia de Matanzas, los mandos se plegaron al movimiento, y la tropa, entusiasta, se unió a él y prorrumpió en vítores en la mayoría de los cuarteles.

En Matanzas, el jefe militar, coronel Martín Elena, manifestó a la oficialidad su oposición al quebrantamiento de las normas constitucionales. Indeciso, y con olvido de que las tropas no son deliberantes, convocó a formación y reiterando su respeto a la Constitución y su fidelidad al gobierno legalmente constituido, pronunció una vibrante alocución de altos tonos patrióticos. Pero, cometió el error de dejar al criterio de los soldados la decisión a tomar. Quebró de esta forma su autoridad, y abrió las puertas al entusiasmo de la soldadesca por el que había sido, hacía sólo pocos años, su gran líder: el general Batista.

El país en general recibió aquel violento cambio, tanto como inesperado, con resignación y esperanzas. La administración pública y las reglas de convivencia habían sido prostituidas por el régimen. Los partidos estaban entregados a las más corruptas maniobras en sus afanes por participar en el poder, pues había elecciones señaladas para el próximo primero de julio. La ortodoxia —movimiento que era un desprendimiento del autenticismo—[2] había ganado, basando su campaña en la honradez administrativa, un mayoritario apoyo público. Los auténticos llevaban como candidato presidencial al ingeniero Carlos Hevia, mientras que el PAU —Partido Acción Unitaria— presentaba a Fulgencio Batista, quien tenía un débil apoyo popular, y tanto que se temía que la votación en provincias no alcanzara factor electoral para llevar representación al Congreso. La avalancha de dinero que estaba el gobierno lanzando sobre el país electoral constituía un verdadero escándalo. Se calculan en millones de dólares los que se habían volcado aun sin haber llegado el período candente del proceso eleccionario, sobre políticos y partidos.

Los inmorales manejos que realizaban los hombres del gobierno eran puestos al conocimiento público al través de la prensa, la radio y la TV, animados en una competencia de revelación de turbios negocios que se describían con pelos y señales. La conciencia pública estaba hastiada. Y en un clima de asco como aquel que la nación vivió, era lógico esperar que cualquier cambio, por muy violatorio que fuese de las leyes y la Constitución, lo recibiera la ciudadanía con tranquilidad y esperanzas. Si el pueblo en masa no vitoreó a Fulgencio Batista, lo aceptó con cierto júbilo interno y siempre con una esperanza de rectificaciones en el trajín administrativo.

El golpe del 10 de marzo no nació, como muchos han dicho y otros pensado, en la biblioteca de Kuquine, sino en los jardines de la residencia, una tarde de un día que no recuerdo. Pero sí memorizo, con toda claridad los hechos de aquella ocasión. Y voy a narrarlos.

El doctor Anselmo Alliegro, además de un gran amigo de Batista, era el jefe provincial del PAU en la provincia de Oriente. Estaba oscureciendo cuando éste llegó a Kuquine y me dijo que era urgente que él hablara con Batista. De inmediato subí al segundo piso y le informé al General de la urgencia que Alliegro marcaba en verle. Prontamente bajó delante de mí la escalera y llamando a Alliegro, quien se había acomodado en una mecedora del portal, comenzaron a caminar sobre la grama mientras hablaba el político oriental.

Esa misma noche, mientras realizábamos algún trabajo en la mesa de la biblioteca, me dejó caer, con sonrisa pícara, esta frase:

—«Parece que Prío proyecta un autogolpe. ¿Qué crees tú?»

—«En verdad, General, me parece un absurdo.»

—«La visita de Alliegro —y bajó la voz hasta lo extraconfidencial—, fue para darme esa noticia. El propio Prío, esta tarde, en el juego de pelota, y en ocasión de ir Anselmo al palco presidencial para saludar al Jefe de Estado, se lo dio a entender.»

—«¿Cómo? —pregunté en tono de auténtica extrañeza.»

—«Bueno, le dijo que temía un golpe, y que estaba sobre aviso, y vigilando a cierto jefe militar, ¿qué te parece?»

—«Que ninguno de los actuales jefes militares tiene lo que precisa tener para dar un golpe a Prío.»

—«Quién sabe —y enseñó una sonrisa—. Sonrisa que en aquel momento no me dijo nada, pero la que reviví en mi memoria varias veces después, cuando consumado el 10 de marzo, nos quedábamos en la intimidad.»

Y fue, a partir de aquella noche, que Batista comenzó a darle vueltas en su cabeza a la posibilidad de utilizar su prestigio en el ejército para llevar a cabo lo que, en definitiva, realizó el 10 de marzo. Pero estaba convencido de que el presidente Carlos Prío Socarrás se iba a dar un golpe él mismo, simulando que se lo habían dado. Y ello, para evitar que los ortodoxos pudieran dar cumplimiento a las promesas que habían formulado públicamente de enjuiciar a todos los especuladores de aquel gobierno tan pronto arribaran al poder. Y nosotros teníamos muy buenas informaciones de que muchos líderes ortodoxos acopiaban datos y obtenían informes en relación a los sucios manejos gubernamentales.

Existe un antecedente que tal vez contribuyó a la decisión del golpe militar. Entre Guillermo Alonso Pujol y Nicolás Castellanos, vice-presidente el primero, y alcalde de La Habana el segundo, había un acuerdo con Batista, mediante el cual el Conjunto Nacional Democrático, partido controlado por los dos primeros, apoyaría las aspiraciones presidenciales del último. Y ese pacto fue abruptamente dejado sin efecto, y sin previa notificación a Batista, quien se enteró de aquel incumplimiento cuando escuchó en un noticiario de televisión que Prío había otorgado un crédito de varios millones para que el alcalde habanero procediera a la construcción de un nuevo acueducto para la Capital. Y, aunque esto no estaba en la noticia, era evidente que el crédito conllevaba la condición de que el Conjunto Nacional Democrático apoyara la candidatura del ingeniero Hevia, postulado por Prío y sus amigos.

El propio gobierno había colocado a Batista contra la pared, y lo había llevado a una situación de acoso. No estoy tratando de justificar el golpe del 10 de marzo, por cuanto no lo necesita, ya que es evidente que creó un estado de derecho y rectificó, no hay la menor duda, los procedimientos de los funcionarios y dirigentes de la cosa pública. Al menos, mientras fue un gobierno provisional, o de facto.

Años después, ya en el exilio, comentando con un amigo aquellos sucesos, éste me dijo: «Vamos a analizar qué podía realmente haber en el pensamiento de Prío al hacerle aqueqa confesión a Alliegro. Precisemos: hay que admitir que cuando Carlos Prío habló con Alliegro, sabía que éste transmitiría a Batista ese temor suyo (real o no) de que le querían dar un golpe. Sin embargo, ¿por qué, a pesar de eso, le hizo la confesión? Lógicamente, si Prío de veras sabía o suponía que le querían dar un golpe, debía tratar de coger los hilos de la presunta conspiración; entonces, si se admite la hipótesis de que en él había tal conocimiento o presunción, hay que admitir también que, por elemental cautela no debía hacer ver que él estaba al corriente de lo que se tramaba; y, consecuentemente, si violó esa regla de cautela, era porque su temor o presunción estaban dirigidos contra Batista, y quería estudiar la reacción de Alliegro, o bien era una especie de recado a Batista para frenar a éste, si de verdad estaba conspirándole, haciéndole creer que él (Prío) estaba enterado de algo.

«Ahora bien, si Prío tenía tal temor o presunción, ¿por qué esa deferencia con Batista, invitándole a desistir? Tendríamos que atenernos, pues, al supuesto de que Prío no pudiendo conocer nada en concreto, porque nada sabía, si algo se atribuía a Batista, era porque se lo olía; y quiso, con su supuesta confesión, escrutar a éste.»

«La otra hipótesis sería la siguiente: que Prío sabía que Batista nada estaba tramando, pero también conocía que el ex jefe del Ejército y ex jefe de Estado era, probablemente, un sujeto muy propicio o proclive a un golpe, por las circunstancias políticas de acorralamiento en que estaba, y sus antecedentes históricos. Entonces nos preguntamos si realmente Prío concibió esta jugada: le hizo esa confesión a Alliegro para provocar la reacción que causó en Batista, y conseguir así enredarlo en una conspiración, para él (Prío) vigilarla, y una vez con ciertos indicios, proceder a la detención de Batista, incoarle juicio por ello, produciendo la espectacularidad del caso, y que le darían estos dividendos: 1) pretexto para un golpe si Prío acariciaba ese propósito; 2) arrebatarle el show a los ortodoxos y adelantárseles en la preferencia popular.»

«Desde luego —concluyó mi amigo— los acontecimientos posteriores no confirmaron, aparentemente, esta hipótesis; pero hay que reconocer a Prío caracterizado por una doble personalidad, unas veces dispuesto a emprender cierto tipo de política, con agudeza y decisión, para después hundirse en la abulia y terminar por no hacer nada.»

Si realmente Prío tenía en su planes el auto-gobernarse o no, es cuestión que no puede probarse. Pero lo que si es cierto rigurosamente, es que Batista estaba seguro de que Prío proyectaba esa maniobra, como medio, el único, de evitar que los ortodoxos alcanzaran el poder y procedieran a enjuiciarlo a él y sus seguidores más prominentes. Y no estaba Batista, al alimentar esta creencia, alejado de los más elementales principios de lógica política.

Por tres días con sus tres noches estuvimos despachando, realizando entrevistas, y dando órdenes, desde el sótano del Club de Oficiales de aquel Campamento. El salón era como casi todos, bastante oscuro y ocasionalmente usado por algunos oficiales para realizar ejercicios gimnásticos y recibir masajes. Dentro de aquel espacio había, junto a la puerta que comunicaba con una especie de patio, un cuartito de media pared donde apretadamente cabían dos camas de campaña, y en las cuales dormíamos Batista y yo. Carecíamos de mesa, y tomábamos nuestros alimentos colocando el plato sobre nuestras piernas sentados en la cama. Cierta tarde nos reunimos cinco personas dentro de aquel cuarto y hubo necesidad de cerrar uno de los catres, pues un visitante tenía medio cuerpo dentro y medio fuera. Y como la pared estaba levantada con ladrillos muy delgados, era necesario hablar en voz muy baja, so pena de que aquellos que estaban fuera escucharan la conversación. Como dato curioso diré que ni Batista ni yo, portábamos armas de fuego.

Nuestra primera discusión surgió una madrugada cuando considerábamos el título que él debía ostentar como jefe de la Revolución, pues mientras él se inclinaba por el de Presidente de la República, yo le manifestaba los argumentos políticos que aconsejaban otro más genérico y más amplio, como el de Jefe de Gobierno, con lo cual no abandonaba su condición de jefe militar y le implicaba, a su vez, el mando civil. Y cedió a mi proposición. Hombre práctico y con gran sentido del juego que las ambiciones operan en el hombre, de repente y sorpresivamente me dijo:

—«Tú serás secretario del Jefe de Gobierno, ahora. Y, después, ya consolidado el golpe ¡llegarás a Papa! Pero ahora te necesito a mi lado.»

Me sentí tremendamente halagado. No por aquel *papado* simbólico que me prometía, sino por la alta distinción que significaba que necesitara de mí. Ya yo le había servido como su secretario privado, durante dos años, en la ciudad de Nueva York. Por tanto, nos conocíamos virtudes y defectos. Y debo confesar que mi estimación y admiración y afecto para él no tenían paralelo en mis sentimientos. Nunca titubeé en exponer mi vida junto a él.

Aquella mañana salimos del sórdido sótano y atravesamos el polígono, instalándonos en un amplio salón de una de las edificaciones frente al local donde estaba el Círculo de Oficiales, y con el propósito de integrar el nuevo Gabinete del gobierno provisional o revolucionario. En aquella reunión estaban Justo Luis del Pozo y Andrés Rivero Agüero. Cuando nos dirigíamos a los edificios de enfrente, y en medio del polígono, Batista me dijo que ningún militar figuraría en el gabinete, razón por la cual yo debería hacer oposición a cualquiera sugerencia de llevar a una de esas posiciones a cualquier miembro del ejército, ya que no quería, y en verdad no podía, ser él quién hiciera rechazo de un militar para ministro, o cargo análogo.

Después de algunas consideraciones de nombres se pasó a confeccionar la lista de los nuevos ministros, y la que escribí yo con un bolígrafo en una hoja de papel timbrado del ejército, y la cual extraje de la gaveta de uno de los *bureaus*. Cuando llegamos al Ministerio de Hacienda, Batista me ordenó llamar al coronel del ejército libertador, don Manuel Despaigne[3] para proponerle el cargo. Este no aceptó. Y no teniendo a quien poner, sugerí, que lo ocupara Justo Luis del Pozo, quien tenía bien ganada fama de hombre honesto. Éste se violentó conmigo —ya había hablado a Batista de que quería la alcaldía de La Habana— y sacó, como lo haría un mago con un conejo de su bombín, las excepcionales virtudes financistas de Mariano López Blanco, quien aparecía en la lista como Ministro del Trabajo. Elogió de tal modo y tan señalado entusiasmo las condiciones de Mariano, que Batista terminó por aceptar a éste, subiendo entonces al cargo de Ministro de Trabajo a quien ya habíamos designado como subsecretario de ese despacho, el doctor Jesús Portocarrero. Relato esta anécdota para probar hasta donde era de pobre la relación de nuestros amigos disponibles.

El propio día del golpe, ya en la tarde, el Campamento Militar parecía haber sido tomado por el pueblo. Cientos de afiliados al PAU, y cientos que no lo eran, estaban allí para testimoniar adhesión al general Batista. Predominaban los aspirantes a cargos públicos. Y cientos de personas a quienes no conocía, me tuteaban y halagaban en medio de aquella confusión y aquel gentío que plenó el edificio. Yo había estado ocho años fuera de Cuba, y no conocía, es la verdad, a muchas figuras provinciales del PAU que habían acudido de distintos pueblos del país. Estaba, consecuentemente, obligado a reciprocar halagos y sonreír a todos, no estableciendo distingos de ninguna especie. Igual trataba a un simple ciudadano «busca puesto» que al jefe municipal del PAU de cualquier municipio.

Vi muchas caras que días antes hacían muecas de burla cuando se les citaba el nombre de Batista. Personas que me habían considerado iluso por apoyar a Batista, tuvieron el coraje de pedirme audiencia para solicitar algún servicio del nuevo gobierno. Hasta periodistas que habían atacado fuertemente a Batista horas antes, desfilaron por Columbia para expresar adhesión al nuevo régimen.

El propio recién nombrado Ministro de Hacienda, y a quien Batista había entregado la dirección de una de las horas de radio que habíamos alquilado para propaganda del Partido y ataques al gobierno, la había abandonado el mes de diciembre pasado, arguyéndome, al reclamarle el abandono de su responsabilidad: «Batista no irá a parte alguna. Y no voy a embarcarme en causa que sé perdida de antemano. Me voy a Europa el próximo mes, y estoy retirado de la política... ¡definitivamente!» Yo nunca informé a Batista de aquella actitud, y me reí por dentro de mí cuando el propio Batista sugirió el nombre de Marino López Blanco para Ministro del Trabajo, primero, y aceptó, después, que fuera Ministro de Hacienda por sugerencia de del Pozo.

Si algo me faltaba por aprender en política lo aprendí aquellos días. Cuando llamé al doctor Jorge García Montes, meses después Primer Ministro, recuerdo que me dijo: «Si Batista no contó conmigo para entrar en Columbia, no veo porqué quiere hacerlo cuando va a salir». A lo cual respondí, un poco molesto: «Doctor, si Batista sale de Columbia será para ir a Palacio para asumir la presidencia de la República.» Semanas después el doctor sería uno de los más entusiastas partidarios de Batista y un eficaz colaborador del Presidente.

Ya trasladados para la cercana casa del Jefe del Ejército, en el propio Campamento, y entretanto la esposa no se mudó en parte para ella, yo dormí en el propio cuarto de Batista. Al segundo día organicé las oficinas de la planta baja, y comencé a dedicar varias horas diarias a las audiencias, señalando que la mayoría de ellas se relacionaban con la solicitud de cargos públicos.

De aquellas audiencias de aquellos primeros días de marzo recuerdo dos que me fueron muy singulares. La primera, la concedida por reiterada solicitud y alegando ser asunto de extrema urgencia, al agregado militar de Venezuela quien, tras notificarme que su gobierno —el de Pérez Jiménez— había sido el primero en otorgar reconocimiento al nuevo nuestro, solicitaba que le entregáramos al líder de Acción Democrática, el más fuerte adversario del gobierno venezolano. Rómulo Betancourt, para cuyo viaje a Maiquetía estaba listo en el aeropuerto de Rancho Boyeros un avión de Aereopostal. Yo contesté al militar que aquella decisión de asunto tan grave no me correspondía a mí, sino al Jefe del Gobierno, y que tan pronto hubiera ocasión propicia se lo plantearía a Batista, informándole inmediatamente de la decisión que recayera sobre su petición. No di ninguna respuesta al militar, y comisioné al teniente Blanco Rico[4] para que, de inmediato, localizara a Betancourt y le diera todo tipo de garantías. En la noche me informó el teniente, delante de varios visitantes «que el pájaro ya ha volado». Betancourt había abandonado el país.

La otra audiencia fue la concedida al hijo mayor del ex-presidente Franklin Delano Roosevelt. Sin mucho rodeo, yendo rápido al grano, el norteamericano me propuso darme el cincuenta por ciento de las acciones de un laboratorio gigantesco que se establecería con capital norteamericano en Cuba, y destinado a servir los hospitales del Estado. Muy cortésmente aplacé mi respuesta al señor Roosevelt, y aún la está esperando.

La nota simpática o cómica nunca puede faltar. Y de las muchas que vi y oí, voy a relatar la más curiosa y pintoresca. Un sujeto llamado Clemente Raúl Rubio, y quien se decía obispo de no sé cuál religión, escribía largas cartas al Jefe de Gobierno. Cansado de recibir telegramas donde se le decía que *el Jefe de Gobierno ha sido impuesto de su carta y oportunamente le contestará en detalle*, decidió escribir una que, leída por los oficinistas, se constituyó en el tema de chistes por varios días. Decía Clemente Raúl Rubio, que el auténtico Raúl Acosta Rubio que había escrito tantos artículos a favor de Batista, y había sido defensor de años, no lo era ese falso Raúl Acosta Rubio que ha «se ha robado el cargo de Secretario Particular», sino él, el auténtico Raúl Acosta Rubio, firmante de la carta. Una situación tan simpática como anormal era lógico que diera pie a todo tipo de chistes en mis oficinas, donde a veces, el jefe de despacho, entonces teniente Arorresagasti, solía preguntarme, en broma, si yo era el falso o el auténtico Raúl Acosta Rubio, pues temía estar tratando con un impostor asuntos de Estado.

Se había hecho costumbre en Batista trabajar hasta la madrugada. Nunca, después, ni creo que antes, abandonó su despacho del Palacio Presidencial antes de la una y media o las dos de la mañana, leyendo en su cuarto dormitorio la prensa del día. De ahí, que muchas ocasiones ignorara acontecimientos del día y se sorprendiera de ellos ante amigos y colaboradores. Le aconsejé que cada mañana leyera, al menos, los titulares de primera página, lo que parece hacía algunas veces, y otras no. Como era natural nunca salió de la cama antes de las once o doce del día, y de sus habitaciones nunca antes de la una, pues invertía bastante tiempo en bañarse, rasurarse y más, escogiendo la ropa y corbata que luciría ese día.

El ropero de Batista siempre fue numeroso y renovado con bastante frecuencia, pues gustaba de los buenos paños y del corte impecable, siendo devoto de la última moda. Recuerdo que conocí a Camilo Cienfuegos, comandante después en la Sierra Maestra y hombre de confianza de Castro, un mediodía cuando acudió a Palacio acompañando al sastre y del cual fingía como auxiliar, en ocasión de la segunda prueba de unos trajes que Batista había ordenado.

Nos acostábamos muy tarde, y ya en las camas, dedicábamos bastante tiempo a delinear las estructuras y planificar el nuevo régimen. Una de esas noches consideramos que, estando el Congreso suspendido en sus funciones, y no disuelto, había necesidad de constituir un organismo que lo sustituyera a los fines de mantener la esencia democrática del sistema, cosa que, dicho sea en honor de la verdad, preocupaba mucho a Batista. Después de discutir bastante acerca de la denominación que debíamos dar al nuevo organismo, concluimos por bautizarlo Consejo Consultivo.

Ya lista de un todo la idea, Batista me confirió la confianza de integrarlo, trazándome pauta acerca de la forma en que debería proceder a dicha integración, y señalándome los sectores que él quería que estuvieran representados en el nuevo organismo. Oportuno es que señale que la Constitución de 1940 quedó en vigor, y que se procedió únicamente, a dejar en suspenso aquellos artículos que no congeniaban con el golpe. Y al hablar de las facultades que deberíamos conferir al nuevo organismo legislativo concluimos en convenir en que la Constitución de 1940 debería ser sustituida, transitoriamente, por una nueva ley constitucional, provisoria, que diera mayores facilidades al nuevo gobierno revolucionario, y la cual contemplara la existencia del nuevo Consejo. Discutimos mucho ese extremo, y quedó aplazada para el día siguiente la decisión.

En la mañana, mientras tomábamos el café, Batista me dijo: «Es buena la idea de crear un nuevo estatuto constitucional. ¡Caray! Sí, le pondremos así: Estatuto Constitucional.»[5] Él sugirió que deberíamos nombrar una comisión que se encargase de redactar el anteproyecto, y señaló el nombre del doctor Arístides Sosa de Quesada, quien era oficial auditor del ejército. Yo agregué al doctor Santiago Rey, quien había estado en mi despacho y se había ofrecido al nuevo gobierno, pero inicialmente Batista puso peros a mi sugestión, y ante mi insistencia lo aceptó como segundo miembro de la comisión. Y el tercero lo fue el doctor Anselmo Alliegro. Me encargó llamara a los tres mencionados y les impusiera de la tarea que se les confiaba, pero que les indicara la premura con la que debían trabajar.

Al siguiente día, en la mañana, el Jefe de Gobierno amanecía víctima de una enfermedad generalmente infantil: varicelas. Y la cual dio pávulo, dicho sea de paso, a infinidad de especulaciones populares, y entre ellas, la de que Batista estaba bajo arresto en el campamento por determinación de los otros oficiales miembros de la Junta. Porque dejamos correr la especie de que, una vez consumado el golpe, se había integrado una Junta Militar, encabezada por Batista y la cual había asumido el mando nacional. La determinación de lanzar aquella falsa noticia tenía como objetivo despersonalizar un tanto el nuevo gobierno, y crear mayor expectativa en su torno.

El que Batista estuviera recluido en su habitación dormitorio víctima de aquella pasajera dolencia no se hizo público porque Batista entendía que los líderes o jefes deben ser hombres fuertes e inmunes a las enfermedades que aquejan al resto de los hombres. Siempre que estuvo con fiebre a consecuencia de la gripe, y se vio obligado a recluirse, hacía creer que estaba entregado al estudio de leyes o proyectos de interés público, ordenándole a sus íntimos que guardaran absoluto secreto en torno a la enfermedad.

Médico personal de Batista, y también de la familia, lo era el doctor Ramiro Lope de Mendoza, a quien concluyó por designar Mayordomo de Palacio a los fines de que se justificara su permanente presencia en la residencia presidencial. Batista estimaba, y distinguía con importantes favores al doctor Mendoza, y es creencia que fue la única persona, ajena a la familia presidencial, que tuvo conocimiento previo de la huida de Batista. Y esta versión tiene apoyo en el hecho de que el doctor Mendoza, ya en el exilio, disponía de una estimable cuenta bancaria.

La toma de posesión de los nuevos ministros se había realizado conforme lo habíamos supuesto: normalmente. Hubo, como es lógico en estas designaciones, disgusto en numerosos afiliados al PAU que se consideraban con superiores méritos históricos a muchos de los designados. Para tranquilizar a los protestantes hicimos creer de que muchos de aquellos habían sido partícipes, y algunos hasta ejecutores, del golpe. Y nada más lejos de la verdad, pero también nada más justificativo.

Una prueba de hasta cual extremo estaba Batista entregado a los afanes del poder me la dio una mañana, en el segundo piso de Kuquine. Había sido, después del 10 de marzo, la primera noche que Batista había decidido abandonar Columbia para dormir junto a su familia. También lo había hecho yo, después de acompañarlo hasta la finca, pero me había rogado que estuviera de regreso en Kuquine en la mañana temprano. Así lo hice. Y cuando él estaba en el *vestier* y se disponía a quitarse la bata de baño para vestirse, llegaron la «tata» del menor de los hijos con éste en brazos, y diciéndole que hacía días que no veía a su papi, ni su papi lo veía a él, etc., etc., ella levantó en brazos al niño y se lo extendió a Batista, quien se limitó a estamparle un beso, y volvió a la conversación conmigo. Yo sé que Batista amaba a sus hijos, y aquella indiferencia estaba impulsada por la abstracción que había hecho de todo cuanto no fuera la consolidación de su poder.

Como cuestión curiosa para mí, diré que nunca he podido distinguir ni saberme los nombres de los hijos habido en el segundo matrimonio. Sé, por ejemplo, que uno de ellos se llama Roberto, pero ignoro si es el primero o el segundo. Sin embargo, sé quienes son Rubén —a quien llamaban Papo— quien Mirtha y quien Elisa Aleida, hijos del primer matrimonio. Y apunto que mis relaciones con la primera esposa de Batista nunca fueron íntimas, sino muy circunstanciales pues por aquella época mis contactos con el esposo eran puramente políticos y jamás subí al tercer piso palaciego.

Los hijos del primer matrimonio, que siempre fueron cariñosos con Batista, jamás fueron amigos de la segunda esposa. No recuerdo haberlos visto nunca en Kuquine ni en el piso familiar de Palacio, en cuyas habitaciones y salones tampoco había ninguna fotografía de ellos.

Si yo ya estaba unido a Batista por sinceros lazos de afecto aquellos días en los que nos separábamos sólo por minutos, hicieron nacer en mí un cariño fraternal. Y mientras más conocía sus íntimos pensamientos y sentimientos, más lo admiraba. No vi en él, nunca, un pensamiento mezquino, una actitud miserable, ni acción que lo rebajara del alto pedestal en que lo había situado. Por el contrario, abundaron los gestos generosos, las actitudes caballerosas, los recuerdos que honran. Por ejemplo, una noche, me preguntó si yo me acordaba de Ña Facunda, una negra vieja que se proclamaba batistiana encendida. En verdad, no la recordaba. Me hizo diversas referencias y citas de oportunidades en las que la Ña había estado con nosotros, pero yo seguía ignorándola. Para que se tranquilizara le dije que sí —al fin—, sabía de quién me hablaba. «Pues busca la manera de darle una ayuda mensual, es una pobrecita vieja que estoy seguro debe estar llorando de alegría». Así, en medio de las enormes preocupaciones de aquel momento, Batista tenía un recuerdo para una infeliz negra vieja. Días más tarde pude dar feliz cumplimiento a los deseos del General, acordándole una cantidad mensual a la Ña Facunda.

Una de aquellas mañanas rasuraban a Batista. Teníamos ordenado que todos los decretos ministeriales de firma para el ejecutivo fueran enviados a mi despacho, poniéndolos yo, posteriormente a la firma del Jefe de Gobierno. Ese día, entre los decretos que estaban pendientes de firma, había uno que designaba a cierto periodista como Consejero de la Embajada cubana en México. El periodista había viajado con Batista cuando éste decidió un recorrido por los países de América después de entregarle el poder a Grau. Aquel decreto me violentó por cuanto unos días antes habíamos protagonizado en el restaurante «Floridita» un semiescándalo el flabistán y yo, ya que se expresó en términos muy agresivos contra Batista. Sin embargo de haberle contado en ese momento las razones de mi oposición al proyectado nombramiento, hizo elogios de él y quiso justificar la actitud del periodista, insistiendo en que se le nombraría. Mi violencia llegó al extremo que le dije: «Si usted firma eso, me largo». Batista sonrió, y dirigiéndose al Fígaro expresó: «Este *Cenicita* es candela». Y acto seguido me extendió la mano con el decreto, y me dijo: «Bueno, rómpelo». El incidente tiene mayor importancia por cuanto que Jaime, el barbero, estaba presente mientras yo quebraba la autoridad del Jefe de Gobierno.

NOTAS

1. Este teniente aparecía en expediente judicial inculpado de la muerte de un joven habanero. La causa, ya Batista en el poder, fue sobreseída. Salas Cañizares ocupó la Jefatura de Policía hasta ser asesinado en la puerta de la Embajada de Haití, al acudir a un llamado de funcionario diplomático, forzado a ello, a punta de pistola, por cinco rebeldes que penetraron a la sede diplomática y tendieron esta trampa al jefe policíaco.

2. El Partido Revolucionario Cubano (A) llamado generalmente Auténtico fue fundado y liderado por el doctor Ramón Grau San Martín a raíz de la revolución que derrocó a Gerardo Machado en agosto 12 de 1933. El Partido del Pueblo Cubano —llamado ortodoxo u ortodoxia—, fue un desprendimiento del primero, y fundado y jefatureado por el doctor Eduardo Chibas, ex-miembro del Directorio Estudiantil Universitario, hombre de gran arraigo popular y quien se suicidó, disparándose un tiro en la cabeza ante los micrófonos de CMQ cuando no pudo aportar al país las pruebas que había anunciado contra un Ministro auténtico a quien acusó de realizar ilícitos negocios.

3. Despaigne en anterior gobierno había desempeñado esa cartera ministerial siendo objeto de pública admiración.

4. Antonio Blanco Rico fue mi ayudante varios meses. Ascendiendo a coronel y designado Jefe del SIM (Servicio de Inteligencia Militar) fue asesinado cuando, vestido de paisano, y desarmado, salió del ascensor del cabaret Montmartre. Cinco individuos descargaron sus pistolas contra él, falleciendo en el acto.

5. El 4 de abril de 1952, Viernes de Dolores, entraron en vigencia los Estatutos Constitucionales.

UN GENERAL QUE NO GUSTABA DE LOS UNIFORMES. LOS MILITARES QUERÍAN EL PODER

El nuevo gobierno estaba consolidado. Las clases vivas habían dado evidentes demostraciones de adhesión. La Confederación de Trabajadores y su jefe máximo, Eusebio Mujal, habían oficialmente expresado apoyo a Batista. Los miembros del Congreso, quienes recibían mensualmente su sueldo, mantenían un silencio aquiescente. Se había nombrado a un interventor del Congreso y su sede, el Capitolio Nacional, y quien tenía libertad para administrar los fondos del presupuesto congresional. Los partidos políticos no fueron prohibidos ni coartados en sus movimientos, y así, el tradicional y muy poderoso Partido Liberal se adhirió prontamente al nuevo gobierno.

Existía, sin embargo, una cierta zona poblacional que no comulgaba con el gobierno, y que se nutría en parte del autenticismo desplazado del poder, y de la ortodoxia a quien el golpe había frustrado sus innegables posibilidades de mando. Pero el país, en líneas generales, aceptaba la nueva situación.

Fulgencio Batista asumió la Presidencia de la República. Y nos instalamos en el Palacio Presidencial. Una multitud de millares de ciudadanos vitoreó la entrada de Batista a la mansión ejecutiva, y a la cual el pueblo, violentando la resistencia de los guardianes palaciegos, entró en júbilo explosivo. Batista habló con el pueblo mientras la multitud lo arrinconaba en la planta baja.

No fue, sino hasta semanas después, que Batista se hizo inquilino de la casa presidencial, trasladando su familia a ella. Durante aquellos veintitantos días anteriores dormíamos en el Campamento Militar, aunque nos instalábamos en Palacio durante el día. El nuevo Jefe de la Casa Militar me asignó, como oficinas, dos piezas del cuarto piso que habían sido, hasta el 10 de marzo, del dominio del suegro del Presidente Prío. Allí trabajaban conmigo el entonces teniente Luis Martínez Arbona,[1] y el también teniente Antonio Blanco Rico.

El interés en ser lo más útil posible a Batista fomentó en mi una capacidad de trabajo extraordinaria. Dormía cuatro o cinco horas cada día, y mientras el Presidente estaba en sus habitaciones yo realizaba entrevistas, reuniones y conferencias fuera de Palacio. Sabedor de la influencia de la prensa y de la necesidad de contar con ella, formé un grupo de valiosos periodistas a quienes atendía de manera preferencial, y con quienes solía reunirme, en conjunto o separadamente, con suma frecuencia, y en consultas de muchos problemas. Entre ellos estaban destacados profesionales que servían en la radio y la TV.

Prontamente advertí como los militares estaban haciendo pesar su influencia sobre los Ministros procurando ventajas personales. Me irritaba que la mayoría de ellos no habían tenido relación alguna con el golpe del 10 de marzo, y todos parecían dispuestos a aprovecharlo en lo máximo. Me dispuse a detener aquel peligro. De otra parte, el alto mando venía maniobrando para producir en Batista la falsa impresión de que sólo contaba con el apoyo militar. Estaba yo consciente de que el pueblo, en su inmensa mayoría, estaba adherido sinceramente a la nueva situación.

Una noche me atreví a tratar con Batista aquella situación. Quería evitar que fuera un prisionero de los jefes militares. Y se lo dije. Como yo ya había hablado con Eusebio Mujal, quien controlaba la CTC, y con los líderes de la FNTA (Federación Nacional de Trabajadores Azucareros) me aventuré a proponerle la realización de una manifestación de apoyo popular al régimen. Y convencí al Presidente quien de otra parte había entendido correctamente mi posición y ponderado el temor que yo tenía acerca de la actitud militar. Me pidió Batista que iniciara con prudencia y discreción las primeras gestiones para la realización de aquel acto, y que, cuando ya estuviera seguro del éxito, me entregara a la tarea de materializar la idea.

Ya con todos los cabos atados, y con el apoyo de la CTC y de la FNTA, y otras entidades de menor significación, hice pública a través de líderes obreros la fecha en que el pueblo, en desfile frente al Palacio Presidencial, ratificaría su apoyo a Batista: el 12 de septiembre, o séase, exactamente seis meses y dos días después del golpe militar.

En una casual reunión en el Palacio de los jefes militares, y de manera muy significativa el Jefe de Estado Mayor, manifestaron su oposición al desfile popular, alertando a Batista de lo terrible que para el gobierno sería que el acto constituyese una pobre manifestación de masas. Fueron presentados con tanta vehemencia los argumentos en contra, que Batista, contrariado, cedió y me ordenó suspender los preparativos. En la noche, ya tarde, convencí al Presidente y me autorizó de nuevo a preparar la manifestación popular. Había ganado esta batalla a los militares.

El Centro de Detallistas de La Habana había planteado en pronunciamiento público la necesidad de una ley que garantizara la permanencia de los comercios en los locales alquilados, sin estar expuestos a medidas de desalojos por parte de los propietarios. Esto me sugirió una nueva ley de alquileres y en la cual un precepto amparara a los comerciantes cuyos negocios estaban en locales alquilados. Cité a mi residencia al Presidente del Centro, Lucio Fuentes, quien me afirmó su apoyo y el del gremio al gobierno, pero prometiéndome que los detallistas desfilarían otro día, y por su propia cuenta, sin mezclarse con obreros, campesinos y otras clases. Yo fui directo al meollo de la cuestión, y le dije, que si no se unían al desfile del 12 de septiembre se despidieran definitivamente de toda posibilidad de lograr la permanencia comercial, pero que, si desfilaban, yo les garantizaba la inmediata promulgación de la ley en cuestión. Sabiendo que Fuentes era muy afín al gobierno depuesto, y del cual había obtenido muy notables beneficios, lo presioné, y le recordé que este «era un gobierno revolucionario, y que igual que habíamos sacado a Prío del poder, teníamos los elementos necesarios para hacer lo que más nos viniese en ganas». En la noche, y después de consultar con los directivos del Centro, Lucio Fuentes me llamó para darme la buena noticia de que los detallistas se unían al proyectado desfile.

El grupo de amigos periodistas se entregó a la tarea de destacar la necesidad de una nueva ley de alquileres que regulase de nuevo las tasas de los inmuebles arrendados, y que incluyera, también, una garantía de permanencia a los cientos y cientos de negocios establecidos en La Habana. Esta campaña movilizó a la Asociación de Propietarios de la Capital, y una comisión vino a verme. Les garanticé que el gobierno no tenía en proyecto esa ley, y que caso de que la misma fuera demandada por el pueblo, ella no afectaría a fondo los intereses de los propietarios por quienes Batista sentía muy vivas simpatías, y además, estaba urgido de su apoyo y adhesión. Los tranquilicé, pero se fueron seguros de que la nueva ley estaba en proyecto, y que yo los estaba «pasteleando». En la conversación dejé caer «que cualquier manifestación de protesta pública, en esos momentos, no era conveniente, ya que los militares gobernaban de facto y no eran, como yo, hombres de leyes, sino de armas. (Ya yo sabía que los que viven de rentas detestan las armas, y temen las revoluciones.)

En la movilización nacional los jefes militares de los siete regimientos se mostraron indiferentes, tal vez obedeciendo instrucciones del Estado Mayor. Pero desde los más recónditos lugares de la Isla salieron para La Habana, por tren, autobús, y hasta en camiones, los manifestantes. Aquel desfile, que se prolongó por tres horas y media largas, fue sorpresa para mí mismo. Habíamos ganado la primera batalla a los militares, y desmentido, con hechos, al Estado Mayor. Asegurábamos así, un régimen civil para el futuro. Y esa noche, en un café de la preciosa avenida del Malecón habanero festejábamos por todo lo alto, los periodistas amigos y yo, el éxito obtenido.

La madrugada anterior al desfile Batista me informó de las ventajas que al pueblo ofrecería en su discurso. No hizo mención a la nueva Ley de Alquileres, y le hice ver que aquella era una necesidad, y además, un compromiso que había adquirido con los detallistas. Riéndose, me dijo que estaba esperando mi confesión de que aquella campaña periodística estaba orquestada por mí, pues tenía las características mías en todo su ensamblaje. Nos reímos bastante, y señaló que «yo te conozco mejor que tu padre».

Desde los balcones de Palacio el Presidente había prometido: rebaja del peso de los sacos de azúcar, lo que beneficiaba a los cargadores de los muelles en los puertos cubanos; playas públicas para el pueblo; construcción de caminos vecinales, y nueva ley de alquileres con garantía de permanencia comercial. Los decretos no estaban listos, aclaró, pero ya había procedido a la minuta de los mismos y serían leyes muy prontamente. Prometió, también, erradicar el latifundismo, poco existente en Cuba, con excepción de la provincia oriental donde sí existían grandes extensiones de terreno en poder de muy pocas manos.

El decreto que rebajaba el peso de los sacos de azúcar fue dictado inmediatamente. Se creó el Patronato de Playas Populares del que fui designado Secretario General. El organismo que propulsaría y ejecutaría una red de caminos vecinales fue creado —CENPLU— y en cuya construcción venían obligados a aportar un por ciento del costo los dueños de fincas beneficiados con el nuevo sistema vial. Y, semanas más tarde entraba en vigencia la nueva Ley de Alquileres con terminante precepto que impedía desalojos de los comercios y garantizaba la permanencia comercial. En lo que respecta al latifundismo el gobierno se limitó a repartir algunas tierras de la nación entre campesinos, pero en realidad no en cantidad estimable.

El gobierno llevaba con mano firme y útil el timón nacional. Iba por muy buen camino. Aquellos nuevos decretos robustecían la figura popular de Batista. Y venían, también, a reiterar la naturaleza esencialmente civilista del régimen.

El civilismo de aquel ex sargento del ejército fue innegable. No llevó a un solo militar al Gabinete. Ni siquiera el Ministro de la Defensa era hombre de armas, ya que fue nombrado Nicolás Hernández,[2] dueño de un alambique en Matanzas. Tan civilista era Batista que cierta noche rechazó la proposición del Jefe del Ejército para nombrar nueve supervisores militares en organismos del Estado. Durante todo aquel proceso sólo un militar tuvo funciones propias de civil: el coronel Barreras interventor de los Omnibus Aliados.

Recuerdo de Batista cuando, siendo coronel jefe del ejército gustaba de escaparse de Columbia conduciendo un auto Buick convertible que le había regalado un amigo, y vistiendo camisa deportiva de mangas cortas se paseaba por playas y pueblos inmediatos a La Habana. Así apareció una tarde en mi casa de la Playa Cuba, allá por el año 1935. Lo custodiaba otro automóvil con tres soldados vestidos de paisano.

Nació a la vida pública desde un cuartel, habiendo sido soldado raso hasta ganar los galones de sargento taquígrafo en oposición convocada para cubrir una plaza en el Estado Mayor, Fulgencio Batista era lo menos militar que uno pueda imaginarse. No se puso el uniforme de general, ni ninguna vestimenta militar cuando dio, ni durante ni después del golpe del 10 de marzo. Usó más de una vez por aquellos días, la criollísima guayabera cubana. Su trato personal carecía de toda influencia castrense, y por el contrario, tenía las características propias del político guasón y francote. Su magnetismo personal fue comprobado por más de uno de sus enconados adversarios políticos quienes, después, confesaban lo encantador que era aquel hombre en las relaciones personales.

Puedo afirmar, con satisfacción, que ninguno de los ministros de aquel primer gabinete se enriqueció ni ejecutó ni permitió se realizaran acciones dolosas. Muchos de ellos, la mayoría para ser más preciso, retornó a sus tareas normales una vez estalló la primera crisis ministerial, y todos desaparecieron de la vida pública cubana cuando ya se había marcado otro rumbo en Palacio. Los cubanos tenemos una deuda de reconocimiento para aquellos hombres que cumplieron sus deberes a cabalidad y con los cuales en el Gabinete el país no habría caído en poder de Fidel Castro.

Era evidente, y yo lo había previsto, que muchos militares cercanos a Batista se constituyeran en mis peores enemigos. Y que libraban batalla para alejarme del Presidente, y eliminar mi influencia sobre él. Muy pronto comencé a sentir los golpes, muy bajos por cierto. Golpes que esperaba, pues venían de hombres a quienes la audacia y decisión de otro había encumbrado a posiciones muy superiores a sus capacidades y formación.

NOTAS

1. Excelente taquígrafo, quien llegó a Comandante y a quien el Estado Mayor forzó a que me fuera desleal, resistiendo honorablemente.

2. Detenido por los fidelistas al trinfo de éstos, fue condenado a veinte años y a la hora de escribir este libro guarda aún prisión en cárcel cubana.

PRIMEROS ADHERENTES.
BATISTA Y LA PRENSA

Tenía Batista un muy sumado interés en sumarse al doctor Carlos Saladrigas, inteligente y culto político quien había sido en anterior gobierno de aquel, Primer Ministro, y el candidato presidencial de la Coalición que enfrentó al doctor Ramón Grau San Martín en 1944.

Saladrigas se había negado a figurar en el PAU, y estaba alejado, hasta en relaciones personales, de Batista. Yo sostuve una primera entrevista con Saladrigas en su residencia, y alegando ocupaciones profesionales se negó, en principio, a figurar en el nuevo gobierno. Lo más que obtuve de él fue una posposición a su decisión para una fecha próxima en la que deberíamos hablar de nuevo. Cuando Batista conoció el resultado de la entrevista me comentó, como chiste, «que Saladrigas debería andar enredado con condes y marqueses». Se sabía que el ex Primer Ministro era hombre de vida social activa y se movía en las capas superiores de la sociedad. Y, hasta este momento no teníamos en ese estrato social apoyo alguno, sino que era más bien presumible que sufriéramos, nuevamente, la resistencia de la alta sociedad. Decidí, ante aquella situación, llamar telefónicamente al doctor Saladrigas diciéndole que después de informar a Batista de nuestra conversación, éste me había rogado pedirle fuera a Columbia donde el Jefe de Gobierno lo esperaba con ansiedad, y me había dado muestras de la necesidad que tenía de los consejos y la cooperación de un hombre que, como él, tenía además de experiencia, un gran talento. No resistió mucho, y al preguntarme la hora más propicia para su visita, le dije que ese propio día, después de las dos de la tarde cualquier hora era más que buena. «Estaré allí alrededor de las cuatro» prometióme Saladrigas. Al informarle a Batista de la cita, demostró verdadera satisfacción.

Por la tarde —no recuerdo si Saladrigas fue o no puntual—, éste llegó a Columbia. La entrevista con Batista se prolongó por más de una hora. Terminada ésta, Batista mandó llamarme y delante de Saladrigas me dijo: «Carlos te dará unos nombres para miembros del Consejo Consultivo». Y nos trasladamos al salón recibo donde, sobre una mesita, escribí los nombres que Saladrigas me indicó. Por cierto, si no lo detengo en la relación hubiéramos necesitado del doble de consejeros. «Doctor Saladrigas, sólo nos quedan seis cargos por cubrir». Más tarde, Batista me dijo: «Le ofrecí la Presidencia del Consejo Consultivo, y la aceptó». Me reí y comenté: «Sí, ha aceptado la presidencia de la quinta rueda del coche». Así califique, desde que se nos ocurrió su constitución, al Consejo Consultivo.

Yo había designado consejero a Walfredo Rodríguez Jr. director del diario «El Camagüeyano», de mi provincia, y a quien situé como secretario del organismo. Tiempo después, el periodista, aseguraba que su designación había sido indicada por el doctor Saladrigas, y se desligaba así, políticamente, de mí. Posteriormente hizo pininos políticos, pero no pasó de eso.

El decreto que creaba el Consejo especificaba claramente sus funciones. Era un organismo cuya misión consistía en recomendar leyes al presidente y al Consejo de Ministros. Se decía, en el propio decreto, que se constituiría dicho Consejo atendiendo al principio corporativo, y que en el mismo deberían estar representados todos los sectores de la producción nacional, tanto empresariales como laborales. Y debo decir que se le dio esa formación, pues estaban allí representados todos los grupos sociales de la Nación. Pero sus acuerdos eran engavetados, excepción hecha de aquellas medidas que Batista envió al Consejo para su aprobación, en fórmula hábil, para decretarlos posteriormente. Pero no creo que pasaran de tres los acuerdos convertidos en decretos.

Precisa confesar que el Consejo tenía en su seno a hombres de gran talento y que habían demostrado un noble interés por el bien público. Jurisconsultos notables, médicos famosos, líderes sindicales, economistas de talla, y en fin, un conjunto de ciudadanos notables y útiles tenían asiento allí. ¡Lástima fue que no aprovecháramos para beneficio del país el trabajo de aquellos hombres tan bien inspirados como mejor dotados! Y el Consejo Consultivo pasó por la provisionalidad sin pena ni gloria. Y a ello se debió, no hay dudas, la retirada posterior de Saladriagas en su apoyo al régimen, pues debe convenirse en que Saladrigas pasó por aquel gobierno sin dejar la huella de su indudable talento; y ni siquiera en el Senado de la República, donde figuró después, brilló la luz de su inteligencia.

Por la vía de Saladrigas llegaron al régimen apoyos importantes de hombres que, como Joaquín Martínez Sáenz,[1] dieron brillo al gobierno. Y por ese mismo camino, entre otros, llegó Gastón Godoy.

El propio Eusebio Mujal, secretario general de la CTC, y quien había sido legislador, y ejercía un control total sobre los sindicatos, fue una importantísima adquisición que, inicialmente, nos libró de la posibilidad de una huelga general, y posteriormente, constituyó soporte muy notable al gobierno. El contacto Batista-Mujal se produjo al través del doctor Anselmo Alliegro, amigo personal del dirigente obrero.

El PAU tenía varias colaterales, desnutridas en verdad. Entre ellas estaba la de obreros, dirigida por Arsenio Rodríguez, hombre de mucho mérito quien, de autobusero, logró el doctorado en leyes en la Universidad de La Habana, y de Pepito González, un negro inteligente, amante del bienestar y la buena vida, quien llegó a ser Ministro sin cartera en aquel gobierno. Al triunfo de Batista ellos pretendieron adueñarse de los sindicatos y de la CTC, propósito al que Batista se opuso, ratificando su puesto a la dirigencia gremial existente. Así, el movimiento obrero mantuvo sus cuadros, incluido el de la poderosa FNTA.

No hay dudas de que esa actitud de Batista fue la inteligente y la más hábil. ¿Qué habríamos ganado con entregar al PAU los sindicatos, si apenas teníamos militantes para cubrir las dirigencias sindicales? Haber hecho lo contrario a lo que Batista hizo, habría sido exponernos a una huelga general, enemistándonos con los gremios y creándonos conflictos con los líderes obreros.

Recuerdo que en la entrevista sostenida con Arsenio y Pepín le transmití el pensamiento de Batista, y les impuse de que estábamos dispuestos a evitarnos por cualquier medio todo problema, pues importaba, más que nada, consolidar las consecuencias del golpe y asegurarnos el poder «habiendo tiempo después, de hacer con la cabeza lo que ustedes quieren se haga ahora con los pies». La reacción de ambos dirigentes, y para honrarlos debe decirse, fue de total comprensión, y hasta de apoyo a Mujal. Plantearon, con lógica, la necesidad de que algunos hombres del PAU, luchadores obreros, tuvieran figuración en la CTC y algunos sindicatos, a lo que, con comprensión e inteligencia accedió Mujal facilitando algunos cambios. Pero los cuales no alteraron las estructuras sindicales heredadas del gobierno anterior ni menoscabaron la autoridad y jerarquía de Eusebio Mujal.

Ramón Vasconcelos,[2] director del diario «Alerta», y el mejor panfletario cubano de todos los tiempos, fue una de las importantísimas y primeras conquistas del gobierno. Vasconcelos había sido Ministro de Educación en anterior gabinete de Batista y también senador como miembro del histórico Partido Liberal. Los confusos y desarticulados tiempos de los años 45 al 52 —ocho que fueron de trastrocamiento político y de baja de la moral pública— también afectaron a Vasconcelos quien coqueteó con auténticos y ortodoxos de espaldas a su partido de origen. Pero, ¿cuál político escapó de la epidemia que azotó moralmente al país en aquella funesta etapa? Vasconcelos, cultísimo, y con gran conocimiento de la historia, fue el primer periodista que se sumó al golpe del 10 de marzo, y el primer editor en hacerlo.

Admiraba a aquel articulista desde el *machadato*, cuando sus panfletos contrariando al dictador provocaron que lo alejaran del país, enviándolo, creo que de Consejero Cultural a la Embajada en París, permaneciendo varios años en Francia. Leía, también, sus brillantes crónicas europeas, con verdadero deleite. Y lo vine a conocer, personalmente, cuando en mi condición de jefe de prensa del PAU le tuve que visitar en su despacho de la dirección del diario. Y visitas que después realicé con agradable periodicidad. Y fue en aquel despacho donde conocí al actual dictador cubano, Fidel Castro, quien por aquella época aspiraba a representante a la Cámara en la boleta del partido del Pueblo Cubano (ortodoxo).

Fue «Alerta» el primer periódico que publicó una entrevista con Castro estando éste en el exilio en México, y en la cual afirmaba que ese año —1956— estaría en Cuba combatiendo con las armas al régimen dominante. Dicha entrevista fue realizada por el joven periodista Benjamín de la Vega. Vasconcelos no recibió reprimienda ni llamada alguna de Batista por ese motivo.

Posteriormente todos los editores y directores de diarios desfilaron por Columbia, excepción hecha de Sergio Carbó, director propietario de «Prensa Libre», quien envió a su esposa visitando Columbia en dos diferentes oportunidades. (Era ya clásica una subvención que Palacio entregaba a las empresas periodísticas y la cual procedía de los fondos de la Renta de Lotería. Batista no fue contra la corriente continuando con el sistema. Aun los diarios que le hacían oposición en los últimos años continuaron recibiendo aquella ayuda económica.)

Una entrevista entre Josefina Mosqueda —secretaria de Alfredo T. Quílez, editor de «Carteles»—, tuvo como consecuencia que esta revista, muy velada pero efectivamente, prestara colaboración a la aspiración presidencial de Batista, mucho antes del golpe del 10 de Marzo. Puedo decir que, ya instalado Batista en el poder, no dio a la citada publicación, o a la empresa editora, ninguna ventaja en particular, constituyendo una ingratitud que nunca llegué a comprender.

Hasta «Bohemia» que se había constituido en los últimos años en el más ardiente y a veces procaz vehículo de la oposición recibió un préstamo del banco estatal con la venia de Batista, y un crédito destinado a la construcción del nuevo edificio de la editora ubicado en la Avenida Rancho Boyeros de La Habana.

Batista, quien había creado en el régimen anterior el Colegio Nacional de Periodistas, y recibido el título de «Colegiado Número Uno» deseó siempre ser un periodista o escritor. Cuando estudiaba gramática en la academia de Luis García, en Luyanó, escribió un articulito en una revista que, ocasionalmente, publicaba aquella institución docente. Es falso que nadie escribiera sus discursos, aunque sí los mostraba, antes de hacerlos públicos, al hombre de confianza a los fines de que le señalara errores o fallas. En relación a los distintos libros que llevan su firma, no escribió ninguno, aunque sí modificó, alteró y corrigió, a su modo, los originales de quien se los escribía. Tenía esa manía, y la cual llevó hasta los documentos oficiales como los decretos, a los que cambiaba palabras y ponía comas y puntos, siendo todas sus correcciones intrascendentes. Vasconcelos, con la fina ironía que lo caracterizó, dijo cierta vez, refiriéndose a varias declaraciones que redactó para «Alerta» «que Batista se preocupaba más de los errores tipográficos que de aquéllos contenidos en sus redacciones». Los discursos improvisados por Batista, tanto en sus campañas electorales, como ya de Presidente de la República, eran tomados taquigráficamente, y prontamente transcritos, y entonces dedicaba el tiempo que fuese necesario para revisarlos, hacerles correcciones, eliminar frases o agregar unas nuevas, y entonces eran enviados a la prensa.

No se puede decir que Batista fue un hombre culto. Pero ninguno de nuestros presidentes, a excepción de Alfredo Zayas, Federico Laredo Brú o Grau San Martín, le aventajó en cultura. Y es un mérito de él, y más, cuando se sabe que nació en pobreza absoluta y desempeñó los trabajos más rudos y corrientes antes de su ingreso al ejército como simple soldado de línea.

La inclinación periodística de Batista lo había llevado, allá por el año 35 a la compra de la mitad de las acciones del diario «El País-Excelsior», y en la cual aportó poco dinero en efectivo, aunque sí influyó para que fuera dictado un decreto mediante el cual se autorizaba una rifa mensual entre los suscriptores de la publicación con premios de casas. En 1945 ó 46, no recuerdo exactamente la fecha, ante la imposibilidad de controlar al diario que le venía atacando con frecuencia, decidió vender su mitad al otro socio, Alfredo Hornedo y Suárez, quien pagó cincuenta veces más de lo aportado por Batista, amén de un sueldo mensual de tres mil dólares durante aquel tiempo —1935 a 1945 ó 46—. Desde aquella ocasión Batista no se asoció con nadie si él no tenía más del 51 por ciento de las acciones.

A fines de 1951 Batista decidió la compra de Cadena Azul, una radio emisora que discutía con CMQ la preferencia del público oyente. Pero Batista quería un socio que aportara dinero, pues Amado Trinidad dueño de la cadena radial pedía una fortuna si se tiene en cuenta que se compraban, también, las deudas de la empresa. Roberto (Bobby) Hernández, quien estaba ligado a Batista por una vieja amistad y asociado a él en una compañía para la venta de maquinaria a la América Latina, con oficinas en Nueva York, en el Columbus Cyrcle, se encargó de hallar al socio: Ben Marden[3] un norteamericano-judío quien se instaló, después, en el Hotel Nacional, y llevó a cabo la operación de compra bajo la promesa del General de que, más tarde, aportaría el dinero que le correspondía. Eso no llegó nunca a suceder, pues vino el golpe militar y ya Batista había perdido todo interés en la compra. Negras se las vio Marden para salir de aquel lío, y varios amigos de Batista nos encargamos de resolverle el problema.

Años después de aquella fracasada compra de Cadena Azul, Batista, utilizando a su consuegro, Antonio Pérez Benitoa, compraba la cadena radial Circuito Nacional Cubano, de la cual jamás obtuvo beneficios económicos, y los políticos son dudosos, pues más de una vez escuché como desde aquella planta se atacaba verticalmente al gobierno. Porque Pérez Benitoa, hombre de grandes negocios, carecía de tiempo para atender, como era propio que se hiciera, la marcha administrativa como el desenvolvimiento político de la emisora.

No quiero pasar por alto la iniciativa de Batista, una noche en Nueva York, cuando me alentó a fundar un semanario con destino a la América Latina. Salió sólo una edición, y en la cual colaboró, desinteresadamente, un gran periodista y amigo, de origen español, Ovidio González Díaz, mexicano hoy, y oficialmente llamado Ovidio Gondi.

Cuando en 1955 yo instalé dos plantas de radio en la provincia de Camagüey, y Batista se enteró, quiso asociarse conmigo, y dándole largas hábiles le hice olvidar su interés.

También había comprado el título y los talleres del diario «Pueblo», y ése constituyó uno de los pocos malos negocios que Batista hizo. Como ya han muerto las dos personas que llevaron a la ruina aquel antes floreciente negocio editorial, me limito a destacar la acción de Batista, quien, dicho sea de paso, también tenía acciones en el diario «Mañana», manejado por José López Vilaboy, hombre de valientes acometidas en el campo de los negocios, y a quien conocí en la mayor pobreza para verlo en 1955 de presidente de Cubana de Aviación, dueño de una urbanización en el Municipio de Guanabacoa, aledaño a La Habana, socio en un banco, amén de otros negocios. Por esa época compró Batista la revista «Gente» que fue otro fracaso empresarial aunque sin grandes pérdidas económicas.

Este recuento, y en el cual es posible olvide algo, evidencia la inclinación de Batista hacia los vehículos de comunicación social o medios informativos.

NOTAS

1. Fundador, junto con Carlos Saladrigas, de la organización revolucionaria clandestina llamada ABC, que pasó a ser partido político a la caída de la dictadura de Machado. Había sido Ministro de Hacienda y senador. Talentoso y honorable.

2. Enfermo y pobre en el exilio, Castro admitió su regreso a la Isla, muriendo en ella semanas después.

3. Conocí más tarde que corrían rumores de que Marden estaba ligado a la «maffia» norteamericana.

ALCALDES Y GOBERNADORES
SE SUMAN AL GOLPE

Cuando se produce el golpe del 10 de marzo ocupa la gobernación de la provincia de La Habana, Francisco Batista y Zaldívar, el hermano menor de Fulgencio. Entre aquel y el alcalde de Marianao, Orue, ejercían un control político muy estimable, y estaban muy vinculados. ¿Cómo destituir a su hermano? se preguntaba Batista. Y esa penosa situación le inspiró a Batista una decisión hábil y muy conveniente: todo gobernador o alcalde que se sume al movimiento revolucionario será ratificado en su cargo, y sólo serán removidos aquellos que muestren hostilidad al golpe. Pachín y Orue se sumaron de inmediato.

En todo el país los alcaldes, en su inmensa mayoría, se adhirieron a Batista. Fue una admirable jugada de éste, pues si se ha dicho que carecíamos de fuerzas en la República, esto venía a robustecer al nuevo gobierno, y máxime, cuando es reconocido que los administradores municipales constituyen factores determinantes de aglutinación política.

Todos los alcaldes de filiación conjunto-democratista quedaron en sus cargos. Y muchos del autenticismo. Y los gobernadores: el de La Habana y el de Las Villas. Este hecho tendió un puente para el cruce de muchos líderes del autenticismo en provincias.

Entre los políticos auténticos que dieron adhesión al nuevo gobierno figuró Miguel Suárez Fernández,[1] de larga trayectoria política y muy prominente. Miguel había sido representante a la Cámara, senador, y un fuerte aspirante a la Presidencia por el autenticismo cuya postulación no logró por la intervención negativa del presidente Grau. Me unían a él viejos lazos de amistad y compañerismo desde la constitución del Partido Unión Nacionalista, la organización política que provocó la caída de la dictadura de Machado en agosto de 1933.

Con enorme capacidad política Miguel aceptó la realidad. Y con criterio amplio maniobró para robustecer su caudal político. Además de señalar a varios amigos que fueron designados Consejeros Consultivos, aceptó la Presidencia de la Comisión Nacional de Viviendas, con rango de Ministro. Fue esa la más valiosa de todas las adhesiones al golpe militar.

Meses después Miguel Suárez Fernández, presionado por los jefes progresistas abandonaba al gobierno, y pasaba a la línea opositoria.

El doctor Santiago Rey Pernas, político villareño de origen conservador, ex representante de la Cámara, líder de su partido en el Congreso, hábil, de modales versallescos, fue otro de los muy importantes adherentes. Y por iniciativa propia, pues se me presentó en Columbia brindando su apoyo sin condiciones.

Santiago Verdeja, médico y figura histórica del desaparecido Partido Conservador,[2] y el cual ocupó el poder bajo el caudillaje del general Mario García Menocal, fue de los que se sumaron al movimiento de Batista.

Batista había abierto, desde el propio 10 de marzo, la puerta del escenario político. Su respeto para alcaldes y gobernadores que no se enfrentaron al golpe militar, además de desarrollar el espíritu cordial que animaba al General, señalaba, claramente, que estaba en plan político, e invitando a todos a moverse en ese terreno.

Sé que Guillermo Alonso Pujol, el doctor «Millo» Ochoa,[3] y el propio ex presidente Prío Socarrás, están hoy conscientes de que incurrieron en error al sumar su voluntad y sus esfuerzos al movimiento con su tanto de culpabilidad en el lamentable curso que tomaron los acontecimientos cubanos.

NOTAS

1. Él y «Pepín» González Puente, senador por Oriente, me acompañaron al aeropuerto de Miami el día de mi viaje a Venezuela. Miguel nos dijo: «No se preocupen, antes de siete meses están en Cuba de regreso. Estos exilios tienen su historia.» Meses después, Suárez Fernández fue despojado de sus bienes y tomó el camino del exilio, muriendo en la ciudad de Miami.

2. Caudillo de ese partido lo fue el general Mario García Menocal, y Verdeja uno de sus más respetados y prominentes directores. Conservadores y liberales, por años, se discutieron el poder en Cuba.

3. Prestigioso odontólogo de Holguín, Oriente, figura cimera en el Partido del Pueblo Cubano (Ortodoxo), ex-alcalde de su ciudad, legislador, y figura entonces presidenciable.

CASTRO APARECE, MARTHA, ENSEÑA LAS UÑAS

Una noche el Presidente me llamó la atención acerca del crecido número de automóviles que tenía en mi residencia para uso familiar. Tuve que aclararle que mi familia disponía de un viejo Cadillac de ocho plazas, que había facilitado a mi esposa el concesionario de automóviles señor García Tuñón. Y que yo rodaba un auto oficial marca Chrisley, chapa número 19. Otra noche me expresó: «ya comienzan las intrigas de la corte» y que se comentaba que mi hijo Raúl, a quién él mismo había nombrado inspector de Hacienda a cargo de la jefatura de ese departamento en el aeropuerto de Aerovías Q, en Columbia, se estaba enriqueciendo. Al oír aquella infamia me indigné, y tomando el teléfono hice despertar al Ministro de Hacienda para ordenarle dispusiera el traslado de mi hijo a otro departamento. Batista, quien estaba oyendo la conversación, me dijo «No era para tanto. Ya te dije que comenzaron las intrigas». Yo sabía bien quienes podían hacer comentarios con el Presidente, y quienes habrían tenido el coraje de dejar caer semejante especie en sus oídos.

Lo que rebosó la copa de mi tolerancia fue la tarde en que el general Batista me llamó, diciéndome: «Marthica va a instalar un taller de costura en el cuarto piso, y tú sabes que no hay espacio. ¿Por qué no le cedes las dos piezas que tú ocupas allí?» Simulando complacencia le dije que este problema estaba resuelto ya, y que al día siguiente la señora podía disponer de las dos piezas. Así lo hice. Y al día siguiente los ya capitanes Luis Martínez Arbona y Antonio Blanco Rico fueron trasladados a otro destino, dejándome sin ayudantes militares. ¿Lo sabía Batista? No quise averiguarlo, pues el párrafo de orden que disponía el traslado venía del Estado Mayor. Trasladé mis oficinas a una casa del Vedado, y sustituí a los militares por ayudantes civiles.

Días después el coronel Roberto Fernández Miranda ocupaba el local que había servido, en el cuarto piso, como oficinas del Secretario Privado del Presidente de la República. Uniformes de militar y de civil, camisas, corbatas, y ropa interior plenaron el closet que había sido archivo de la correspondencia privada del Presidente. En la noche presenté mi renuncia a éste, quien no la aceptó en principio y pospuso, para la mañana siguiente, a la hora de almuerzo, su decisión final...

Era el 26 de julio de 1953, día festivo. Estaba yo en mi casa cuando recibí una llamada urgente del coronel Carlos Cantillo, ayudante presidencial de guardia en el Palacio. El Presidente se hallaba en Varadero acompañado de varios ministros. Cantillo me informó del asalto al Cuartel Moncada, en Santiago de Cuba, y de que también había notificado al señor Presidente y que enviaría soldados de inmediato a los medios de comunicación con el exterior, la central telefónica y el cable, con órdenes precisas de no transmitir mensajes que informaran de los sucesos. «Ya —me dijo—, ordené telefónicamente a las agencias cablegráficas que no cursen despachos relativos al suceso». Le rogué que prontamente revocara aquellas órdenes, y no enviara soldados a ninguna parte, esperando mi llegada, pues salía de inmediato para Palacio.

Informado de los pormenores del asalto en el que lamentablemente murieron varios soldados recluidos en la sala hospitalaria del regimiento, recordé que el doctor Grau San Martín tenía anunciada su asistencia a un mitin, y decidí llamar a Quevedo, secretario particular del ex-presidente, notificándole que salía de inmediato para la residencia del doctor Grau pues era urgentísimo que le viera y hablara.

El ex mandatario vivía en la Quinta Avenida de Miramar y casi frente a su residencia estaban instaladas las oficinas del Retiro Militar y las cuales ocupaban una bella construcción. Después de informar al doctor Grau del suceso en todos sus detalles, le indiqué que el gobierno no estaba en condiciones de afirmar que el hecho dejara de tener conexión con otros posibles ese propio día, y le sugerí, muy respetuosamente, que cancelara su visita a Madruga en evitación de cualquier penoso incidente y del cual el gobierno no podía ni quería hacerse responsable. El doctor comprendió la situación y dándome las gracias me aseguró que él no iría a Madruga.

Al salir de la residencia del ex presidente un automóvil del SIM con soldados de uniforme, se interpuso ante mi auto, y bajando el oficial que comandaba la patrulla, muy respetuosamente me impuso de la orden de arresto contra mi persona que le había sido transmitida por radio desde la jefatura del Servicio Militar de Inteligencia. Monté en cólera, y le dije: «En esta revolución yo tengo el rango de general. ¿No lo sabe usted? Que venga un general por mí. Y sólo iré con usted si se atreve a arrestar mi cadáver». El oficial inquirió hacia donde me dirigía. Le contesté que al Campamento de Columbia adonde debía haber llegado el Presidente. El carro militar me siguió hasta que entré al Campamento y descendí en el Estado Mayor.

Cuando estos hechos ocurrían yo ya no era secretario privado del Presidente de la República. Batista me había aceptado, mientras almorzaba con su esposa en sus habitaciones privadas, la renuncia, habiendo alegado yo motivos de salud para ello. «Bueno, la plaza quedará sin cubrir para cuando quieras volver a ella», me dijo.

Terminada la reunión de los jefes militares con Batista, pasé al salón donde éste se encontraba, teniendo a su lado, aún, al entonces jefe del SIM, coronel Ugalde Carrillo —muy ligado a los Tabernilla— y quien le dijo al Presidente: «Por poco le arresto a este hombre cuando salía de la casa del doctor Grau San Martín». Batista mirándolo muy serio le contestó: «Me alegra que no lo hayas podido hacer»— arrastrando las letras cuando dijo *podido*— «porque hubiera sido como arrestarme a mí». Aquellas palabras me hicieron olvidar la tolerancia con la que él había permitido las arremetidas en mi contra. En privado informé al Presidente de mi entrevista con Grau.

Mi representación diplomática —vehementemente solicitada por mí a Batista una vez que aceptó mi renuncia— fue breve. Y tanto que sólo estuve en el exterior 45 días. Había regresado al país sin autorización ni notificación al Ministro de Relaciones Exteriores. Tres días antes de mi regreso a Cuba llamé telefónicamente a mi secretario, entonces Ciro Rodríguez Boffil, informándole de la hora y día de mi llegada a Rancho Boyeros. «Te esperamos, jefe» fue lo que oí por el hilo telefónico.

Cuando descendía las escalerillas del avión vi cientos de personas congregadas, y pancartas que me saludaban. Y al preguntar el por qué de aquel recibimiento fui informado de que circulaban rumores de que el SIM procedería a mi arresto tan pronto pisara tierra cubana. Aquello me pareció un absurdo, ¿arrestarme por qué? Y me hicieron montar en un automóvil descapotado que tomó rumbo a La Habana seguido por muchísimos otros y varios camiones cargados de gente. Y en la ruta a mi casa, y contra mi voluntad, la caravana se desvió hacia el Palacio Presidencial, ocasión en la cual las bocinas de los autos y el griterío de mis acompañantes se hizo más ruidoso y casi frenético. Vi como una persiana del despacho del presidente fue movida.

Llamé al Palacio Presidencial y le pedí a Andrés Domingo que inquiriera del señor Presidente a qué hora me podía recibir. Andrés no demoró la respuesta: «Dice el Presidente que después que te presentes a tu jefe inmediato, el Ministro Campa, me llames de nuevo». No había dudas, me dije, mis valores han bajado. Y hasta admití la posibilidad de que la versión del arresto tuviera su base de verdad. Pero no llamé al doctor Campa, y quedé en casa con mi familia y algunos amigos.

Una llamada telefónica del ayudante de guardia me impuso de los deseos del señor Presidente de que le acompañara a cenar esa noche, en Columbia. No han bajado mis valores, pensé, reconfortando mi espíritu.

Ya en la cena informé al Presidente que, a esas horas, ya debía estar en territorio guatemalteco el coronel Carlos Castillo de Armas al frente de un grupo de revolucionarios con la intención de deponer al presidente guatemalteco, coronel Jacobo Arbenz. Batista se lamentó de que yo no hubiera ayudado a su amigo el general Ydígoras Fuente, máxime, cuando él me había hablado de la amistad y simpatías que sentía por Ydígoras. Pero durante toda la cena no hizo la menor referencia a mi presencia en Cuba sin la previa notificación al Ministro del Exterior. Estuvo, como siempre, cordial. Y me instó a que no saliera de nuevo del país, «pues no naciste para diplomático, sino para la acción».

A mi salida de Cuba como Embajador se produjeron agresiones contra mis amigos. Y hasta el jefe del regimiento Agramonte, correspondiente a mi provincia natal, hizo una investigación exhaustiva del dinero invertido en la construcción de una playa popular en el pueblo de Nuevitas. El jefe militar detallaba hasta los clavos que se habían utilizado en la obra, y a continuación de cada material colocaba el precio del mismo en el mercado. El total de lo invertido, según el militar, se aproximaba a los veinticinco mil dólares, aunque había olvidado contabilizar la mano de obra y el traslado de los materiales. Pero lo que él no sabía, ni tampoco sus jefes, era que el gobierno no había aportado para aquella obra ni un solo centavo. La hice posible gracias a la cooperación de comerciantes amigos míos de la provincia, y a la inversión de algunos dólares de mi peculio.

Aquel expediente, que conservé hasta la escapada de Cuba, me fue entregado por las manos del Presidente Batista, en mi segunda conversación con él, a mi regreso de Centro América. Fue tan sincero que al entregarme el expediente me dijo: «Este es mi regalo de bienvenida. Como ves, la conspiración te llegó hasta Camagüey...» El mamotetro terminaba con la firma de Aquilino Guerra,[1] Coronel Jefe Regimiento Agramonte. ¿Quién o quiénes habían ordenado aquella investigación, de final tan ridículo, al coronel Guerra? Es obvio.

Mi nombre no había sido eliminado de la breve lista de personas que tenían libre acceso al tercer piso de Palacio a cualquier hora del día o de la noche. El cargo de secretario privado continuaba sin cubrir, no sé si porque Batista habíame dicho que el puesto estaba a mi disposición y no lo cubría —actitud que mantuvo hasta su huida— o que decidió eliminar la posibilidad de que otro majadero le discutiera, con respeto y afecto, como siempre lo hice, en las ocasiones en que se disponía a error.

Cierta vez que solicité una audiencia presidencial a través del Ministro de la Presidencia, se enfadó Batista conmigo y me reiteró que yo podía subir al tercer piso en la ocasión que lo necesitare o deseare, y que insistía en aclararme que no había perdido ninguna de las prerrogativas propias a un secretario privado, y más que eso, a un leal y afectuoso colaborador. Todo eso me seguía uniendo afectivamente a Batista. Aunque fueron muy pocas las veces que subí después de mi renuncia a la residencia del Presidente, y ninguna en la cual utilicé aquellas prerrogativas que me había mencionado.

Yo me llevaba bien con la esposa del Presidente. Había en ella muchas actitudes que me desagradaban, y sobresalían, entre todas su muy evidente egoísmo. Yo veía como jamás discutía con el marido, y como aceptaba ante él, lo que después censuraba o reprobaba. Cierta vez en Nueva York, me dico «Mira Cenicita,[2] no contraríe a Kuki... déjelo hacer lo que le parezca. Cobre su sueldo y no se preocupe de lo demás». ¿Actuaba ella así? Siempre lo sospeché. Estaba, lo confieso, prevenido contra ella, aunque jamás le fui descortés ni la dejé traslucir mis reservas. Ella se enfadó conmigo, y parece no haberlo olvidado jamás, cuando a través de su secretaria, Carmen Gamero, en los primeros meses siguientes a marzo, me hizo un pedido que no complací. Primero, porque no debía, y segundo, que de haberlo hecho habría constituido un precedente para un sistema inaceptable para mí. Influyeron más en mis reservas las maneras en que, según yo deducía, ella estaba cambiando los sentimientos y hasta el estilo de aquel hombre a quien estimaba tanto. Y ese cambio se produjo, finalmente, hasta en los procedimientos de Batista, que llegó a perder aquel refinamiento y aquel pundonor que tanto le admiré siempre.

Poco a poco me fui alejando —cuando era secretario— de las veladas cinematográficas que se celebraban en el tercer piso. Jamás llevé mi familia a Palacio para no verla sometida al régimen de adulación allí prevaleciente. No participé en ninguna fiesta íntima en ocasión de cumpleaños o del santo de la Primera Dama, y nunca le envié regalos por tales acontecimientos. Sin embargo, por afecto al marido, nunca comenté mis sentimientos adversos para ella. Y, hasta en un acto celebrado en Pinar del Río, en ocasión del desalojo de unos campesinos de la finca en la cual trabajaban, en mi discurso bauticé a aquella mujer como «Martha del Pueblo». Mucho se utilizó, durante la provisionalidad, aquel apelativo. Ya Batista presidente constitucional, ella fue indiferente al pueblo, y el pueblo a ella. Hija de inmigrantes gallegos que vivieron modestamente, ella había olvidado, o querido olvidar, su origen. En justo respeto a la verdad, de ella debo decir que le conocí una vida de mujer absolutamente ajustada a los más exigentes preceptos de la moral social, y una practicante fiel de la religión católica. Muchas veces me simpatizaron de ella expresiones que la revelaban como de menor edad a la que en verdad tenía. Descubrí que era, además de terca, rencorosa. Pero yo estaba tan seguro de la eficiencia y lealtad de mi trabajo para Batista que nunca temí las agresiones de la esposa. Y estaba, sin embargo, seguro de la obediencia que él la guardaba en su apasionado amor por ella.

Ninguna mujer nunca llegó a tener en Cuba la influencia que Martha Fernández disfrutó. La política le era indiferente, y conozco la descortesía de ella para ministros y sus esposas. También sé que exigía de los apoderados económicos de Batista que la rindieran cuentas. Desconfiada, utilizaba a sólo dos personas en el tráfico de los negocios que por su condición le proporcionaba. Pero en nada se empeñó que no consiguiera, porque Batista estaba en sus manos.

Precisa realizar estos comentarios, que hubiera preferido omitir, para justificar el cambio tan notable entre aquel hombre que en cierta ocasión se puso un jacket y entró al Campamento Militar de Columbia para destituir a su jefe del ejército —con fama y conducta por demás valiente— y ese otro que huye el 31 de diciembre en forma incalificable, traicionando a sus amigos, pisoteando su historia personal, y entregando el país al caos primero, y al comunismo después.

La moral de Batista se fue minando lenta y progresivamente, como esos males morales cuyo fin no sorprende a nadie. Y en esa labor de trabajo subterráneo están las manos de los familiares más íntimos de Fulgencio Batista.

NOTAS

1. Tuvo actuación personal en el golpe del 10 de Marzo y formó en el grupo de tres oficiales que arrestaron en su domicilio del campamento de Columbia al jefe del ejército, entonces general Ruperto Cabrera. Guerra a raíz de la huida de Batista enterró en una lata, en el patio de su casa, unos miles de pesos que fueron descubiertos y confiscados.

2. Así me llamaba Batista, en la intimidad, porque las mesas y las alfombras de las habitaciones del Waldorf, tenían siempre la huella de mis cigarrillos.

LLEGA LA POLÍTICA
MASFERRER. DE LAS LETRAS A LAS ARMAS.
NACE EL PUR, ¿EN LA OPOSICIÓN O EN EL GOBIERNO?

El plan de Batista, en lo que a la provisionalidad respectaba, había sido delineado para gobernar dos años, tiempo más que suficiente para organizar un efectivo aparato electoral, y aspirar seguidamente a una presidencia constitucional por término de cuatro años tal como la Constitución establecía.

Por ello, ya en octubre, estábamos en pleno ajetreo político y en preparativos electorales. Se había acordado, a proposición de Batista, cambiar el nombre al Partido Acción Unitaria, y denominarlo Partido Acción Progresista. Y el Comité Gestor quedó constituido bajo la presidencia de Justo Luis del Pozo,[1] no ocupando yo cargo alguno en aquel organismo, pese a que llevé a la reunión la representación personal del general Batista. El acto tuvo celebración en las oficinas del PAU situadas en el Vedado.

El ex-presidente Grau no había hecho comentarios públicos adversos al golpe, lo cual nos indicaba o sugería que él parecía dispuesto a presentarse como candidato en unos próximos comicios. Y comenzamos a iniciar y estrechar contactos con líderes provinciales del autenticismo, a los fines de asegurarnos un control, solapado y astuto, sobre aquel partido. Más tarde yo entregaría a Codina Subirats[2] en Oriente, a Gilberto Yeyba en las Villas,[3] y a Manuel Benítez[4] en Pinar del Río, la documentación constitutiva del Partido Revolucionario (A). En las otras tres provincias fue Justo Luis quien hizo entrega de ella a otros tres líderes. Por la ley electoral vigente en Cuba no cabían dudas de que aquel político que manejase el *papeleo* de la organización o reorganización de un partido, se garantizaba la jefatura del mismo. Por tanto, al facilitar nosotros aquellas jefaturas estábamos, consecuentemente, constituyendo a aquellos jefes en aliados nuestros. Cada jefatura constituía para el ejercitante, la seguridad de una senaduría, pues estaba asegurada con la minoría electoral.

Nuestra legislación electoral consagraba el derecho de las minorías y nunca podía producirse el caso en que un solo partido, por mayoritario que fuera su apoyo popular, controlase todas las bancas congresionales. Esto daba la seguridad a que anteriormente me referí a aquellos jefes del partido de Grau.

Temíamos, además, que Grau pudiera decidir no concurrir a los comicios, o de que, ya postulado, acordase, como en definitiva resultó, ir al retraimiento. Teniendo de aliados a los jefes provinciales y, sujetos además por la seguridad del disfrute de una senaduría, el propósito abstencionista quedaba truncado, y cabía también la posibilidad de la postulación de otro candidato, y no de Grau.

Si bien del Pozo siguió instrucciones de Batista en cuanto a la entrega de la documentación del Partido Acción Progresista, no es menos cierto que surgieron problemas en algunas provincias, y ante ellos Justo Luis decidió entregar por partes iguales, entre los rivales, la documentación. El control que Justo ejercía sobre el partido era absoluto, y sólo podía ser quebrado por la voluntad personal de Batista.

Por aquellos días la lucha política estaba circunscrita a un forcejeo de los hombres del «progresismo» por dominar cada uno en su región la asamblea del partido. Poco había que luchar en el autenticismo cuyas jefaturas estaban consolidadas con la tenencia total de la documentación organizativa.

Grau, quien era muy astuto, y conocía muy bien a los políticos cubanos, no había sufragado los gastos de la impresión y formación de aquella documentación cuyo costo sobrepasaba los trescientos mil dólares. ¿Quién o quiénes habían pagado aquel gasto? Pues los presuntos jefes provinciales habían asegurado a Grau que ellos habían obtenido el dinero de amigos y simpatizantes. No creo que Grau tragara aquella píldora, y sí sospechara, o estaba seguro, de que era el gobierno quien había cargado con aquel gasto. (Algo similar hizo Batista después, en las últimas elecciones, con el partido que fundó Carlos Márquez Sterling y que llevó a éste como candidato presidencial.)

El quebranto que el golpe había producido en la vertebración legal de la República obligó a la confección de una nueva ley electoral llamada en nuestro país Código Electoral. Tocó a del Pozo trabajar intensamente en la confección del nuevo documento legal. Y en lo fundamental, la nueva ley recogía la esencia de la anterior, y los cambios operados se limitaron a corregir fallas creadas por el golpe militar, y al aumento del número de senadores —lo que merece tratamiento especial en páginas siguientes.

Entramos al año 1953 con la evidencia de que el gobierno se disponía a convocar a comicios generales dejando el libre juego de los partidos. Una realidad estaba bien clara: Batista ganaría aquellas elecciones pues estaba dispuesto a volcar todos los recursos del poder a ese fin. Los políticos, todos, estaban conscientes de que ello ocurriría, y los sensatos consideraban como lógica aquella pretensión, ya que, considerada desde un punto de estricta contemplación política, era natural que así fuese, ya que no se concibe el riesgo de un golpe militar para ceder el poder poco después. La convocatoria a elecciones era una concesión que Batista hacía en sus afanes de enderezar al país por rumbos democráticos. Esa realidad política fueron muchos los políticos que se obstinaron en negar, y a mi juicio, constituyen el inicio de los males que padecimos más tarde, y que Cuba sigue aun padeciendo y sufriendo.

Políticos del talento de Guillermo Alonso Pujol, Millo Ochoa y el propio Carlos Prío Socarrás, se negaron a participar en la contienda electoral. Le hacían así un daño evidente al país, pues se negaban a reconocer una realidad, y máxime, cuando aquella negativa no abría ninguna posibilidad de cambiar dicha realidad. ¿Podían ellos destruir a Batista? Era evidente que no, pues carecían de los medios para producir el hecho, al menos, en aquellos años. ¿Capitalizaban políticamente aquel absurdo abstencionismo? Ya vimos con posterioridad que no fue así, y que todo aquel empeño vino a beneficiar a un solo hombre: Fidel Castro. Ellos resultaron instrumentos inconscientes al servicio de la destrucción de la estructura democrática cubana.

El único partido y el único candidato que parecían dispuestos a enfrentarse electoralmente a Batista, lo eran el doctor Grau y su partido. Y en ello éste reveló, una vez más, su enorme capacidad política y el frío modo de ver a esta actividad. Existía, además, un antecedente que debió valorar, en mucho, el futuro de la acción de los políticos. Ese hecho lo fue la entrega que Batista había hecho, en 1944, de la Presidencia de la República al propio doctor Ramón Grau San Martín electo en elecciones limpias, propiciadas por Batista. ¿No había que suponer una reeditación de aquella conducta para 1958? Los políticos cubanos de la oposición estaban urgidos de ganar el poder prontamente, no querían esperar cuatro años más. Lo inteligente y lo que todos esperábamos, era que aceptaran la realidad, entraran a la lucha electoral, y perdiendo las elecciones, aprovecharan y capitalizaran para 1958 los errores de los cuatro años anteriores de gobierno de Batista. Pero el **Diablo** pierde a quienes lo tientan.

El clima revolucionario creado en el país con la presencia de Castro en la Sierra Maestra, y el apoyo que le dieron los jefes políticos cubanos, hizo imposible que en 1958 se realizaran elecciones reales en Cuba, pues era evidente que el candidato de la coalición gubernamental habría de ganar aquellos comicios. Pero esa imposibilidad de libre juego electoral no fue creada por Batista, sino por los partidos y los grupos opositores que fomentaban un estado revolucionario y fortalecían moral y económicamente a Fidel Castro, quien, después daría idéntico maltrato a gobiernistas y opositores.

Las para mí fatales circunstancias que me llevaron de nuevo al trajín político no son del caso mencionar ahora. Lo cierto es que, sin proponérmelo, había venido sirviendo de secretario de Batista, primero en la campaña electoral, y después de Presidente. Y estaba de tal manera envuelto que ya no era posible escapar de ella.

No figurando en los cuadros directivos del Partido Acción Progresista que, de otra parte en nada me era afín, decidí constituir un nuevo partido que, de otra parte, viniera a ser terreno propicio para la actividad de millares de jóvenes que, simpatizantes de Batista veían cerrado el cuadro en el progresismo. Y a quienes, dicho sea de paso, aquel partido jefatureado por Justo Luis del Pozo nada les decía ni les entusiasmaba.

Una tarde hablé con Batista de mi idea, y a él le pareció buena. Después de discutir el apoyo que nos podría brindar el gobierno, me dijo que el doctor Raúl Lorenzo, a la sazón Ministro de Comercio, le había hablado, aunque muy ligeramente, de algo parecido. Y me agregó que si Lorenzo aceptaba participar en el nuevo partido, él —Batista— no tenía inconveniente en que se incorporara el Ministro dejándonos el ministerio con ciertas limitaciones que señaló. Ya yo había hablado de la idea con el doctor Alfredo Nogueira,[5] Ministro de Obras Públicas, recién nombrado, y quien había sustituido al ingeniero Mendigutía, un batistiano de corazón, pero cuyo débil carácter le había conducido al fracaso. Nogueira venía del autenticismo, y era hombre de grandes prestigios y simpatías, amén de poseer una capacidad extraordinaria. Nogueira me había insinuado su no coincidencia con del Pozo, y menos con el progresismo. Le pregunté al Presidente si estaba dispuesto a aceptar que el nuevo Ministro formara parte de la nueva organización política, y esperando él la negativa de Nogueira, me autorizó a hablarle.

No fue difícil convencer al Ministro de Obras Públicas. Y aquel ingreso significaba también la incorporación del alcalde de Guanabacoa, Lolo Villalobos, cuñado y políticamente muy unido a Nogueira.

Ya tenía el nuevo partido dos ministros, lo que resultaba importantísimo para su formación exitosa. Y denominamos a la nueva organización Partido Unión Radical —PUR— recayendo la presidencia en el Ministro Nogueira y la Secretaría General en mí.

Cuando nos disponíamos a la convocatoria para la constitución del Comité Gestor, Batista me llamó a Palacio para indicarme que hablara con Rolando Masferrer,[6] a los fines de que éste se hiciese cargo de la provincia de Oriente. Y me explicó Batista que aquél tenía señalados problemas con los jefes del progresismo de Oriente, pues ellos sostenían muy malas relaciones con Masferrer. Sabía que Masferrer iba a ser, dentro del PUR, un elemento de discordia, pero estaba obligado a complacer al Presidente que tan generoso había sido con el nuevo partido.

Conocí a Rolando Masferrer cuando, a instancias de unos amigos, lo recibí en mi residencia a raíz del 10 de marzo. Pretendía que le facilitara los medios para irse a la Argentina, pues habiendo estado en el autenticismo y teniendo numerosos y muy peligrosos enemigos, temía ser víctima de un atentado sin tener manera de defenderse por cuanto carecía de permiso para la tenencia de armas de fuego. Yo le aseguré que no tenía porqué abandonar el país, y que disfrutaría de todo género de garantías, y que, en cuanto al permiso para las armas hablaría esa propia noche con Batista. Aceptó no de muy buenas ganas y dejó su teléfono para que le informara, al día siguiente, de mi conversación con Batista.

Rolando Masferrer era talentosísimo. Y de una cultura poco común. Su vida pública estaba matizada de tintes que en nada tenían relación con la cultura. Había peleado en la Guerra Civil española como ayudante del famoso Campesino, comandante comunista. El mismo, Masferrer, había sido miembro del partido comunista de Cuba, y del cual fue expulsado, en esas expulsiones falsas que hace la dirigencia roja cuando alguien los abandona. Masferrer había constituido un grupo armado —pandilla— que con frecuencia sostenía enfrentamientos a tiros con otros grupos que operaban en Cuba en los gobiernos de Grau y Prio. Era inconcebible que aquel hombre, tan culto, se moviera en ambiente tan incivil. Y debo apuntar, para evidenciar el talento de Masferrer que era uno de los pocos Premio Dolz de la Universidad de La Habana, y el cual se otorgaba a los estudiantes que llegaban al doctorado con notas de sobresaliente a través de toda su carrera. Si detestaba las fanfarronadas de aquel hombre, le dispensaba una sincera y profunda admiración a su talento y su cultura.

Me entrevisté con Masferrer al día siguiente, lo proveí, siguiendo instrucciones de Batista, de licencia para el uso de armas, y le expresé los deseos del Jefe de Gobierno de que se incorporara al nuevo gobierno, y a cuyo efecto le hice proposición de un sistema que le facilitaba lo necesario para subsistir decorosamente. Él aceptó y comenzó a servir al gobierno.

Ese era el hombre a quien Batista me había impuesto para jefe de Oriente en el nuevo partido. Semanas más tarde le entregaba toda la documentación del PUR correspondiente a su provincia.

Llegada la hora de constituir el Comité Ejecutivo Nacional del PUR, Masferrer se me enfrentó, aliado a dos jefes provinciales, constituyendo una tendencia contraria a la mía. Afortunadamente los vencí y seguí con el control del partido.[7] Mucho tiempo después, una buena amistad nos unió y limitábamos nuestras conversaciones a cuestiones literarias y de política internacional. En todo lo demás, éramos como el aceite y el vinagre.

El nuevo partido fue recibido con beneplácito por grandes núcleos populares. Se incorporaron a él jóvenes valiosos, y se produjeron en el progresismo algunas deserciones que vinieron a engrosar las filas del PUR. Pero aquella pujanza inicial suscitó celos y temores en los dirigentes progresistas, los cuales comenzaron a atacarnos, y lo peor, a envenenar los sentimientos de Batista hacia la pujante organización.

No obstante tener dos ministros en el Gabinete, ni en el Palacio éramos bien vistos. Se nos tenía por enemigos del régimen, y conozco que se comentó más de una vez, que nos *alzaríamos con el santo y la limosna*.

Hasta la Primera Dama nos extendió su excomunión. Una tarde, al cruzarse conmigo en uno de los salones del tercer piso, me dijo: «Tú también estás en el PUR. ¡Increíble!» No tuve ningún interés en aclararle, ni en indicarle que el PUR, también apoyaba a Batista.

En algunos ministerios se produjeron cesantías de empleados que se habían cambiado para el PUR, y eran tan batistianos como los progresistas, y entendiendo éstos que el nuevo partido apoyaba al Presidente, al hacer la transferencia fueron movidos por esperanzas de cambios beneficiosos al país. Porque en el PAP sus jefes no sugerían sino continuidad de viejos y no muy honrosos sistemas. Tampoco eran simpáticos ni tenían características realmente progresistas aquellos jefes. Por ejemplo, el jefe habanero, Alfredo Jacomino, era un marrullero completo, sin bagaje cultural y constituía la típica representación del clásico «sargento político»[8] cubano. Como mérito tuvo, hay que reconocerlo, su lealtad a Batista. Rivero Agüero, electo presidente en las elecciones de 1958, era el jefe de Pinar del Río, político decente y honrado, cuyo carácter hepático lo alejaba de ser un político cordial. En Camagüey llevaba la batuta José Pardo Jiménez, médico, astuto y a quien, marcando las incongruencias de Batista éste nombró Ministro de Obras Públicas. En Matanzas era el jefe un médico de carácter reseco y huraño, de apellido Oliveira, y en Las Villas había pasado a jefaturear el progresismo el gobernador provincial, Orencio Rodríguez, quien había abandonado el Conjunto Nacional Democrático el propio 10 de marzo, para unirse al movimiento golpista. Sólo un jefe provincial tenía todas las características esenciales para serlo, el de Oriente, doctor Anselmo Alliegro. Y por añadidura, todos estos hombres tenían en su estado mayor a profesionales del politiqueo, procedentes de todos los partidos, constituyendo cada conjunto un mosaico de viejas militancias que, en verdad, no hacían honor alguno al PAP.

Los jefes provinciales del PUR, por el contrario, eran figuras jóvenes, briosas y agresivas, y constituían sin duda, una esperanza para el electorado. Y no excluyo a Masferrer quien, no obstante los fallos señalados, era hombre de ideas revolucionarias. Y esa fue, más que ninguna, la razón por la cual los dirigentes progresistas, en su totalidad, enfilaron sus cañones contra el nuevo partido.

Ya pasada la contienda electoral, y ocupando un curul en el Senado, el doctor Raúl Lorenzo abandonó al PUR, y al gobierno. Fue una pérdida lamentable para nuestra organización, y también para el gobierno. Lorenzo era hombre hecho por sí mismo en el trabajo y el estudio. Brillante periodista, Premio Nacional de Literatura ganado con un ensayo formidable acerca de José Antonio Saco, había sido en su primera juventud miembro del Partido Comunista, y los que tuvimos alguna relación con esta organización en la época de Machado, sabemos de la prominencia que el camarada Lauro tuvo en la provincia de Las Villas.

Alfredo Nogueira, figura simpática, hombre decente y de arraigo popular, también abandonó al PUR y al gobierno, ya instalado en el Senado. Y millares de hombres a lo largo y ancho del país también dejaron el PUR y a Batista.

Salvo unos pocos meses, afortunadamente coincidiendo con el proceso electoral, el PUR estuvo al lado de Batista sin el disfrute de un solo ministerio. Todos habían sido concedidos al progresismo. Sus jefes constituían la *élite*, la fatal *élite* que ayudó muy noblemente, como se verá más adelante, al fracaso de Batista. Porque ellos se creían hechos para el poder, y el poder había sido creado para ellos.

NOTAS

1. Durante los años 34 y 35 fui inseparable de del Pozo. Hombre de alta moral pública, honrado a carta cabal, era de carácter voluble y terco. Fue Presidente del Partido Unión Nacionalista, y el hombre más influyente, en aquella época, con Carlos Mendieta.

2. Codina venía del autenticismo priista, habiéndose enriquecido en el desempeño de un cargo en el Ministerio de Hacienda.

3. Se le señalaba como activista de uno de los grupos gangsteriles que operaban cuando los gobiernos de Grau y Prio.

4. Benítez había sido, después del 4 de Septiembre de 1933, jefe militar de la provincia de Pinar del Río y jefe de la Policía Nacional después. Disfrutó, en consecuencia, de la confianza de Batista. Se fue al autenticismo años después.

5. Nogueira era, además de ingeniero, médico y abogado.

6. Fue muerto en explosión por bomba conectada al motor de arranque de su automóvil en la ciudad de Miami.

7. Lo presidió primero Alfredo Nogueira, y más tarde Amadeo López Castro, ocupando yo todo ese tiempo la Secretaría General.

8. Individuo dedicado todo el año al trajín político, generalmente empleado público o de jefes políticos, que manejaba sin escrúpulos todos las ardides políticos.

BATISTA, ¿PRACTICANTE VICIOSO DE LA VIOLENCIA?

Había aprendido nuestro General que todos los hombres tienen un precio, y lo peor, que los compraba. A unos con dinero contante y sonante, a otros con posiciones, y a los menos con honores. Por ello los más notables políticos del país sirvieron, en alguna ocasión y de alguna forma, a Fulgencio Batista.

En los últimos años de su gobierno había creado un mercado especial, abaratando a los políticos, al relegarlos y romper el juego democrático que incluye la vigencia del Congreso. Los políticos no tenían más remedio que dejarse poner precio, o se retiraban a la vida privada, o tomaban camino al exilio. A la Sierra Maestra no subió ninguno.

Ese mercado lo había creado Batista por ausencia de los partidos de oposición. Los políticos que le fueron adversos cargan con idéntica responsabilidad en la mutación cubana. Insisto siempre, con mayor énfasis cada vez, en destacar que la abstención de los políticos y su inclinación revolucionaria, son responsables máximos del drama cubano.

No existiendo en el mercado la oferta y la demanda, Batista se permitió el lujo de tasar los políticos. Y los compraba baratos.

Desde que manejó la República instalado en su despacho de coronel jefe del ejército, él practicó una política de negociaciones. Pero fueron admirables el tacto y discreción conque llevó a cabo sus operaciones. Lo que la mano izquierda daba, lo ignoraba la derecha. La discreción fue táctica que le produjo altos dividendos.

Yo sé, por ejemplo, que pagó la documentación con la que se constituyó el partido que fundó Carlos Márquez Sterling para concurrir como candidato presidencial en las elecciones de 1958. Pero siempre lo negó. Como para esa fecha yo estaba alejado de Palacio ignoro los canales y el procedimiento que se siguió. Tal vez se apelara a los que utilicé cuando se organizó el Partido Revolucionario Cubano (A) y entregaron las documentaciones a los partidarios de Márquez en las provincias.

Deseo aclarar que no estoy directa ni indirectamente inculpando al doctor Carlos Márquez Sterling. Tonto habría sido si no hubiera hecho la vista gorda, como Grau lo hizo. De otra parte, me consta que el doctor Márquez aspiraba muy en serio a la Presidencia, y abrigaba esperanzas de que, en el medio turbulento que el país vivía, el pueblo reaccionaría, con conciencia, a su favor. Era una evidente ilusión pero la mantenía con convicción.

Hasta que se hizo pública la mayoría estructurada en las urnas a favor del doctor Rivero Agüero, el doctor Márquez Sterling tuvo fe en su victoria. No fue, en consecuencia, un candidato títere que jugó papel de comparsa. Batista necesitaba darle a las elecciones del 58 un tinte de verdadera competencia electoral.

Habían acudido a esas elecciones, como candidatos presidenciales, además, Ramón Grau San Martin, por PRC, y Alberto Salas Amaro por un partido por él improvisado. Grau, con la capacidad política que le he reconocido, era sabedor de que ninguna posibilidad de éxito se le ofrecía, pero pretendía situar en el Congreso a partidarios a los fines de mantener vigencia política. Salas Amaro, por el contrario, solía expresar que obtendría la presidencia. Aun después, en el exilio, y viviendo en España, le escuché más de una vez, estimarse como el hombre que sustituiría a Fidel Castro en cualquier momento. Cuando le oía expresarse así, pensé que se trataba de alguna estrategia de índole personal y para la obtención de otros fines, pero pude asegurarme de que Alberto Salas Amaro alentaba aquella ilusión muy en serio.

Estando en Nueva York, en el exilio, nos llegó un ejemplar del diario «Prensa Libre» de Cuba, conteniendo un violentísimo artículo contra Batista, y el cual aparecía firmado por uno de los más íntimos amigos de Wifredo Fernández,[1] creador, en la época de Machado, de una tesis llamada «cooperativismo», y la cual consistía en el apoyo de los conservadores a la dictadura machadista. Yo sabía que el firmante había sido embajador designado por Batista durante su gobierno de 1940-44. Y que éste último le había resuelto la precaria situación económica regalándole cinco mil dólares, además de los viáticos que el Ministerio le había acordado. A la mañana siguiente le leía yo un artículo a Batista ripostando aquel agresivo y donde insinuaba de manera muy elegante, pero a todos comprensible, lo del regalo. Batista ordenó suprimir ese párrafo, diciéndome: «En política no es inteligente revelar ni la cantidad ni el nombre del sobornado. Hacerlo constituye un antecedente que dificulta nuevas operaciones.»

Batista llegó a creer que el dinero, lo compraba todo. Pero de nada sirvieron sus millones para eliminar la soledad angustiosa en la que vivió en el exilio, ni para evitar que el mundo le adjudicara los peores adjetivos, ni se desnaturalizara al conocimiento público su verdadera personalidad.

No se pueden negar la capacidad de maniobra política de Batista. No se gobierna un país por tantos años sin merecimiento ni talento.

En 1940, por ejemplo, pierde las elecciones para constituyentes. En una maniobra que asombra al país, logra un acuerdo con el general Mario García Menocal, y convierte la minoría en mayoría. Forma un bloque que produce una de las más modernas Constituciones de América Latina. Y en 1936 obtiene la mayoría absoluta del Congreso para destituir al recién electo Presidente Miguel Mariano Gómez,[2] y quien había tenido, para su triunfo, el apoyo de los partidos afines a Batista. ¿Qué había divorciado a esos dos hombres?

El jefe del ejército había creado las Escuelas Cívico-Rurales, diseminadas por todos los campos del país.[3] Pero se requería de un ingreso económico para su mantenimiento, razón por la cual consigue que un grupo de senadores presente un proyecto de ley imponiendo a cada saco de azúcar elaborado en el país, un centavo de impuesto. Gómez se opone al propósito, y procede a vetar la Ley. Batista decide eliminar el obstáculo, y pese a los esfuerzos de Gómez y a todos los recursos del poder puestos a su servicio, Batista obtiene mayoría absoluta y destituye al Presidente, el cual es sustituido por el vicepresidente electo, doctor Federico Laredo Brú, quien a partir de ese día maneja las altas responsabilidades de acuerdo con Batista. Días después el nuevo impuesto sobre el saco de azúcar era ley.

Si la historia presentara a Fulgencio Batista como un vicioso practicante de la violencia, incurriría en grave injusticia. Y si lo señalara como un astuto y discreto negociante, acertará. Pienso que, pasadas las pasiones que aún turban y nublan el raciocinio cubano, ocurrirá lo último.

NOTAS

1. Dirigente del Partido Conservador en la provincia de Pinar del Río, llegó a la jefatura de esa organización siendo Presidente del Senado en el régimen de Machado. Creador de una fórmula política denominada *cooperativismo*, y que consistía en el apoyo conservador al gobierno liberal, fue preso a la huida de Machado, e internado en la Fortaleza de la Cabaña, donde se suicidó. Fue hábil político y brillante articulista.

2. Hijo de José Miguel Gómez, general de la Guerra de Independencia, jefe supremo del Partido Liberal y ex-presidente. Miguel Marianao fue postulado por una coalición de partidos afines a Batista y ganó la presidencia limpia y mayoritariamente.

3. Esas escuelas contribuyeron a la alfabetización rural de manera muy notable. Cuba ocupaba el tercer lugar de América Latina, después de Argentina y Uruguay, en número de alfabetos, alcanzando su promedio al 77.9 %.

CARLOS PRÍO, OTRA VEZ REVOLUCIONARIO

Carlos Prío Socarrás había regresado a Cuba con la promesa de incorporarse a su partido y dedicarse a la lucha política por la reconquista electoral del poder. Pero Prío ha sido hombre de personalidad muy dubitativa, y el gobierno ordenó una estricta vigilancia sobre él y sus actividades. Muy pronto se conoció que Prío andaba en trajines belicistas y que fomentaba grupos armados con la pretensión de destituir a Batista. Quería pagarle con la misma moneda. El gobierno supo, mediante su aparato de espionaje, que Prío alentaba un asalto al cuartel Goicuria, de Matanzas. Fue arrestado por el SIM, y cuando Batista, quien se encontraba fuera de La Habana, fue notificado de la detención, llamó al Primer Ministro, entonces doctor Jorge García Montes, y le ordenó disponer la libertad inmediata del ex-presidente.

Cuando esto ocurrió estaba pendiente una entrevista Prío-Batista. Una entrevista que, de haberse realizado, estoy seguro habría cambiado el curso de los acontecimientos desgraciados que tuvieron lugar después. Porque Batista tenía un plan de concesiones, todas aceptables, que habría generado un acuerdo conducente en dirimir en el terreno político-electoral, mediante la decisión del pueblo, la pugna establecida.

Por la intervención del doctor García Montes, hombre inteligente y ponderado, Batista había celebrado una entrevista con el doctor Guillermo Alonso Pujol, hábil político que estaba ansioso por un retorno a la normalidad de la lucha civil. Aunque Alonso había objetado a García Montes el hallarse en condiciones de inferioridad para discutir con Batista, y que éste debería guardarle rencor por exteriores conductas que hicieron mal a aquél, en definitiva aceptó la presión amistosa y razonada del Primer Ministro.

La entrevista Batista-Alonso Pujol se efectuó en una residencia de la urbanización Miramar, habiéndose comprometido el Presidente a no revelarla, pues Alonso temía, y con razón, y dado los antecedentes que lo adornaban como hombre de sorpresivas maniobras, que la oposición se le virara y le enrostrara de nuevo. Aunque Batista no completó todos los detalles de su plan para Prio, instó a Alonso para que gestionara un encuentro con él y Prio, y en el cual quedarían tomados los acuerdos que Batista se proponía cumplir. Sí garantizó a Alonso que él no apoyaría candidato alguno para la presidencia de las elecciones del año 58, comprometiéndose a entregar el poder a quien resultara electo en elecciones limpias, tal como había sucedido en 1944.

Alonso y Batista se conocían muy bien, tanto porque Alonso había estado vinculado a gobiernos anteriores de Batista, cuanto porque en esas oportunidades habían realizado convenios que siempre Batista cumplió. Alonso había sido, además, el abogado que llevó la representación de la primera esposa de Batista en el juicio de divorcio establecido, y en cuya oportunidad Alonso, sin afectar a su representada, llegó a acuerdos muy razonables entre las partes para una división justa de los bienes gananciales del matrimonio.

Regresó Alonso de su entrevista con Batista seguro de que habría una solución honorable al problema político, y de inmediato se reunió con Prio. Éste aseguró que no podía creer en Batista, y que no estaba dispuesto a sentarse en la misma mesa con él para discutir términos de arreglo, pues estaba seguro de que nada saldría de aquella entrevista en beneficio del país. A instancia de Alonso, el doctor Prío decidió aceptar la reunión, y le expresó a Alonso: «Yo iré y hablaré con él, pero puedes estar seguro de que si lo puedo tumbar antes, lo haré, por cualquier medio». Alonso comprendió que nada debía esperar y se marchó al extranjero, enviando una carta al Presidente Batista y fue lástima no se le diera publicidad íntegramente. Esta carta le llegó a Batista dos días después de haber ordenado la libertad de Prío.

La misiva de Alonso daba a entender que la entrevista con Prio no resolvería el problema, notificándole al Presidente que abandonaba el territorio nacional con la esperanza de que, a su regreso se respirara un clima de paz y cordialidad. Batista no necesitó releer la carta para saber que Prío andaba por mal camino. Y lo comprobó cuando los cuerpos de seguridad e inteligencia le informaron que Prío Socarrás andaba envuelto en actividades conspiratorias y alentando revueltas, asaltos a cuarteles y todo género de acciones tendientes a perturbar el orden público y provocar la destitución de Batista.

Nadie conocía, ni aún los más íntimos, y esto lo había solicitado

Alonso, que Batista se había entrevistado con el vice-presidente depuesto, y menos, que estaba dispuesto a concluir un acuerdo con Prío.

Cuando el jefe del ejército, general Francisco Tabernilla le planteó a Batista que a Prío había que «matarlo o expulsarlo del país», el Presidente le dijo que, como militar, estaba muy lejos de conocer la política, y que no se le ocurriera nada contra Prío. Todavía Batista no había leído la carta de Alonso, cuando pronunció estas palabras.

Un alijo de armas destinadas al asalto de un cuartel fue ocupado por la policía, y ante la existencia de pruebas de la intervención de Prío en la compra y trasiego de las mismas, fue que el general Tabernilla ordenó la detención, que fue anulada por la orden presidencial al Primer Ministro.

La carta de Alonso Pujol daba a entender que con Prío no había posibilidades de un arreglo político. Y considerando Batista muy riesgosas las actividades conspirativas del ex-presidente, llamó al jefe de la policía, general Salas Cañizares, dándole instrucciones de que arrestara a Prío, lo condujera al aeropuerto y lo montara en un avión con destino a los EE. UU. Salas cumplió la orden con toda rapidez y sin dejar que Prío preparara maletas ni se comunicara con nadie. Prío llevó, como equipaje, un cepillo de dientes, muy visible en el bolsillo superior de su americana.

Aquella acción conciliatoria del Presidente se había ido a pique. Perdió fe en un arreglo futuro, y de ahí en adelante se dio a la tarea de gobernar solo, sin hacer nuevas convocatorias a elementos políticos de la oposición. Fue un error, pues Prío no constituía la única fuerza opositoria al régimen, ni representaba la mayoría oposicionista. De otra parte, era lógico que Prío mantuviera aquella actitud revanchista de *diente por diente y ojo por ojo*, ya que no había transcurrido suficiente tiempo para equilibrar sus decisiones políticas. Si Batista lo había depuesto por la fuerza, por la fuerza procuraría deponer a Batista.

Enterados posteriormente los políticos progresistas de aquella gestión conciliatoria de Batista, se dedicaron a la tarea de impedir y obstaculizar cualquiera otra nueva, porque bien sabían que Batista debía hacer concesiones, y ellas debían producirse a costa de los intereses de ellos. Así, los jefes progresistas se constituyeron en los aliados más fuertes que tuvo la violencia en Cuba.

Los radicales y los del Conjunto Nacional Democrático, éramos partidarios de un entendimiento nacional. Sabíamos que ese entendimiento venía a fortalecer las clásicas instituciones democráticas lo que parecían ignorar, y muy deliberadamente, los jefes del partido del gobierno.

Fue muy corriente que se tratara de que hombres de los partidos de oposición abandonaran aquéllos para ingresar en el PAP, pero siempre en posiciones subalternas y capitidisminuidos.

UNA ECONOMÍA EN MARCHA: LLEGA EL «GRAMMA». UN GENERAL SE ESTRENA

Durante los dos años de mando provisorio de Batista, o séase de 1952 a 1954, subieron todos los valores cubanos. El incremento de las construcciones subió al límite consumiendo toda la producción nacional de cemento y haciéndose necesario autorizar la importación de este material esencial para la edificación. El valor de la tierra ya fuese en zonas urbanas o rurales, aumentó. El azúcar, manejada su producción con tacto y con tino la colocación en los mercados, mantuvo un buen precio, y basta que este renglón de la producción nacional tenga valor en el mercado mundial para que la bonanza económica impere en la nación. Se desarrollaron nuevos negocios y se establecieron nuevas industrias y se ampliaron las existentes. Había orden en el país, y las pandillas que azotaron a La Habana en los regímenes de Grau y Prío, desaparecieron. La nación tenía fe y esperanzas.

Fue en 1956, después de julio, cuando ya estaba abierta la espita de la actividad pre-electoral, que dio comienzo a la pudrición que después señalaría a Fulgencio Batista como un gobernante ambicioso de dinero y falto de escrúpulos.

Ese año, en el mes de noviembre, desembarcó Fidel Castro[1] a bordo del «Gramma» en la provincia de Oriente, en compañía de un grupo de valientes. Aquel hombre carecía de toda popularidad, y se le conocía en algunos limitados círculos como miembro de una pandilla universitaria. No tenía aval político ni patriótico para movilizar estimables núcleos ciudadanos. Fidel se internó en la Sierra Maestra, sin que en verdad se realizara ninguna movilización militar adecuada para capturarlo. Pero a los seis meses, Castro era ya una figura conocida en todo el país y comenzaba a cuajar como líder popular. Pero ello, gracias a los errores de Batista y su gobierno. Durante 1956 ni Fidel ni sus hombres tuvieron enfrentamiento alguno con las fuerzas de seguridad pública. Pero se iba constituyendo en protagonista legendario, gracias a la publicidad que el gobierno le hacía y la cual aumentó con el tiempo. Fue el Estado Mayor, emitiendo mentirosos partes de guerra en 1957, quien dio el espaldarazo al alzado de la Sierra. Los jefes militares necesitaban justificar ante el pueblo, y ante Batista, la inversión de sus créditos.

Bien pronto descubrió Batista que su gran negocio consistía en mantener a Castro y sus hombres en la Sierra. Gracias a ellos, gobernó al país como a una finca de su propiedad. Cuando pidió al Congreso suspender las garantías constitucionales, paralizó la acción de aquel cuerpo legislativo, y de ahí en adelante otorgó contratos a amigos y socios —sin el previo requisito de la subasta—, para la ejecución de obras públicas. Y todo en la nación dependía de la voluntad de aquel hombre. Los miembros del Congreso, capados de sus facultades, se constituyeron en subordinados obedientes del Presidente. Se hacía lo que el Presidente quería, y nada más.

Ahí cobró fuerza el desbarajuste administrativo. El Tribunal de Cuentas, por ejemplo, se constituyó en un organismo al servicio de Batista. Allí se aprobaba todo, siempre que fuera enviado por Palacio. Y una prueba evidente de que esto era así, está en el hecho de que después, ya en el exilio en España, el rector de aquel organismo creado para vigilar la administración pública y sus fondos, el doctor Fernández Camus, aparece como el hombre de confianza de Batista.

Comprendiendo que Castro era un gran aliado para enriquecerse, Batista no decidió acabar con él. Cuando ello ya era necesario para su permanencia en el gobierno, resultó demasiado tarde.

Un día me invitó Batista a almorzar en Palacio. Tuve la grata sorpresa de que el otro invitado lo fuera Ramón Vasconcelos. Y como Castro estaba de moda, era lógico que alguien lo citara durante la comida. Yo me manifesté por la necesidad de poner fin a la muy peligrosa permanencia de Castro en la Sierra, y, alegando que se estaba constituyendo en una figura legendaria ya que un ejército, tan numeroso como el cubano, no había podido darle caza. Y agregué, lo recuerdo bien, que nos estábamos exponiendo a que el Movimiento 26 de Julio —ya se estaban constituyendo núcleos clandestinos en los pueblos— llegara a Palacio un día. Vasconcelos apoyó mi dicho muy calurosamente, Batista, sonrió, y expresó: «¿Qué son esos cuatro monos encaramados en la Sierra? No señores, ustedes le dan excesiva importancia.»

Semanas después, desgraciadamente, se produjo el asalto al Palacio Presidencial, que si bien es cierto no lo realizaron integrantes del 26 de julio, sino miembros de una cédula clandestina, los asaltantes fueron estimulados por la pasividad demostrada por el gobierno frente a Fidel Castro.

El citado asalto al Palacio fue, además de dramático, un poco comedia por la intervención de los tanques procedentes de Columbia.

Acababa de llegar yo a unas oficinas que tenía instaladas en el Edificio Misiones, en la avenida del propio nombre, y en una de las esquinas frente a Palacio. Mi chófer, Ángel Ramírez, guardaba en el baúl del auto nuestra ametralladora, cuando escuchamos unos disparos que parecían provenir de la mansión ejecutiva, dándonos cuenta después que los mismos se estaban produciendo hacia el fondo de Palacio, es decir, en la parte que da al Parque Zayas. Nos refugiamos detrás de las gruesas columnas del portal, y los disparos cesaron. Cuando nos disponíamos a tomar el ascensor se renovaron aquéllos, pareciéndonos estos producidos con armas largas.

Cual no sería mi sorpresa cuando descubrí detrás de una de aquellas columnas al general Roberto Fernández Miranda, cuñado del Presidente y al coronel Orlando Piedra, jefe del Bureau de Investigaciones, y a los cuales acompañaban dos sujetos. Los cuatro vestían de civil. Al inquirir con ellos qué sucedía, me dijeron ignorar lo que pasaba, pero que era evidente que los disparos procedían de dentro de Palacio.

—«General, usted no puede ir allí así, vestido de paisano —dijo uno de los hombres.

—Usted tampoco, coronel —recalcó el otro.

De seguida los cuatro hombres abordaron un automóvil con placa de la Florida, EE. UU., diciendo que iban a vestir sus correspondientes uniformes.

Yo atravesé, cubierto por Ramírez, la calle y llegué hasta el portal palatino, y al acercarme a la reja de hierro, cerrada con gruesa cadena y enorme candado, vi a un policía cuyo apellido nunca supe, y al cual llamábamos «El Chino» que tenía su revólver en disposición de disparar contra mí. Al reconocerme vino y quitando el candado me abrió la puerta, penetrando yo a Palacio. Al preguntarle qué estaba ocurriendo me dijo ignorarlo. Los disparos ya habían cesado. Observé que el ascensor que daba al garaje estaba detenido en el tercer piso, y subí por la escalera interior hasta el segundo, dirigiéndome hacia el despacho del Presidente, encontrando en el pasillo que llevaba del salón del Consejo de Ministros a la oficina presidencial, una granada de mano disparada, pero que no explotó y había chamusqueado la mampara. Pasé al salón del Consejo, y no había nadie. De ahí al despacho del Ministro, y tampoco. Al penetrar en la oficina del Jefe de Despacho vi a «Pepe» Navarro, sentado en una silla, en un rincón. Me dijo ignorar lo que estaba ocurriendo, pero que los disparos eran dentro de Palacio. Pasé a las oficinas generales de la presidencia, y en el fondo mirando por entre una de las cortinas venecianas, Andrés Domingo, escrutaba hacia el Parque Zayas. Nunca vi hombres más valiente ni más sereno y me habló sin titubeos ni nervios, informándome que unos locos habían asaltado Palacio, pero que el Presidente estaba bien y a salvo con la familia en el tercer piso, y al cual él no había podido subir, pues los tres ascensores estaban detenidos allí, y las escaleras cerradas sus rejas con pesadas y gruesas cadenas sujetas por candados. «Debe haber muertos en cantidad», me comentó.

Cuando salía, al abrir la puerta que daba al corredor, algo pesado impedía que ésta cediera; empujé con todas mis fuerzas y en el suelo estaba, obstruyéndola, un cadáver; un poco más allá otro, y muy cerca otro. Cuando intenté tratar de identificar a los muertos, se me ocurrió, afortunadamente, mirar por el espacio de una de las arcadas hacia el tercer piso, y allí apuntándome con su pistola 45 el coronel Alfredo Rams, ayudante presidencial, a quien acredito los muertos de aquel pasillo, que no se limitaba a los tres mencionados, pues un poco más allá, hacia la oficina telegráfica, dos cuerpos estaban tendidos en el suelo.

Ni siquiera intenté probar si los ascensores funcionaban ya libremente, y me dirigí a mis oficinas donde unos amigos esperaban.

Nos disponíamos a almorzar cuando vino Ramírez a informarme que por la Avenida de las Misiones venían rumbo a Palacio varios tanques del ejército. Salí al balcón y me vi obligado a entrar de inmediato pues aquellas máquinas comenzaron a vomitar fuego. Los tanques estuvieron en acción militar, disparando, más de media hora. Volví a llamar a Palacio, temeroso de que se hubiese reiniciado el asalto, pero nadie contestaba. Comprobé que los únicos disparos salían de las ametralladoras de los tanques. Supe, posteriormente, que esa era la primera acción guerrera del general Francisco Tabernilla y Palmero,[2] jefe de la sección de tanques. Había disparado al aire y sobre las azoteas, clavando algunas balas en las paredes de los edificios circundantes, y entre ellos, en el propio edificio Misiones.

Posteriormente conocí que aquellos cadáveres del corredor habían sido arrastrados hacia los escalones de la escalera que llevaba desde la puerta de entrada por el Parque Zayas hasta el segundo piso del Palacio Presidencial. Se pretendió dar la impresión al público de que los asaltantes no habían podido llegar sino hasta allí, cuando es lo cierto que estuvieron a la entrada del despacho del Ejecutivo.

Ya mis relaciones con Batista habían alcanzado un punto cero de enfriamiento, pese a que le seguía estimando muy sinceramente. No lo vi ni le hablé hasta pasados varios días, pero nunca le conté aquella escena del General y del Coronel yéndose para vestir sus uniformes militares.

NOTAS

1. El padre de Fidel Castro, gallego de nacimiento, trabajó como peón en la línea ferroviaria de Oriente. Compró después una pequeña finca rural y se dedicó a la agricultura. Educó a Fidel en el colegio de jesuitas de Belén, en La Habana, donde cursó el bachillerato. Ingresado a la Universidad se caracterizó por su temperamento anárquico, perteneciendo a las bandas que practicaban la violencia. Disparó desde un piso alto contra el estudiante Leonel Gómez hiriéndole en un tobillo. Pasó a la ortodoxia y figuró como candidato a diputado o representante a la Cámara en la boleta electoral de ese partido en el año 1952.

2. En carta al general Batista, fechada en Riviera Beach, Florida, agosto 24 de 1960, el general Francisco Tabernilla y Dolz, padre del general Tabernilla Palmero, le pregunta: «¿Por qué no habla de la decidida actuación de mi hijo Silito, su fiel y leal secretario, en el ataque al Palacio Presidencial, el cual al frente de una unidad de tanques dominó la situación rápidamente?» Como queda arriba informado, los citados tanques llegaron a los alrededores de Palacio más de media hora después de haber finalizado el sangriento suceso.

PARA AHORRAR $ UN MILLÓN, BATISTA TOLERA A FIDEL

Ya próximo el período electoral para las postulaciones, Batista me llamó a Palacio, y allí me dijo que me cerciorara de que Masferrer no estuviera en La Habana, y comprobado ese extremo citara para ese día a un almuerzo a los jefes provinciales del PUR. Masferrer estaba en Oriente e ignoro porqué Batista no quería sentarlo a su mesa. Sí había observado, al través de todos aquellos años, que nunca lo había tenido como invitado, y si alguna vez lo recibió en su despacho presidencial se cuidó de que nadie lo supiera.

Al almuerzo asistimos Heriberto Madrigal, jefe en Pinar del Río; Lolo Villalobos, en La Habana; Mecallín en Las Villas, y yo, en Camagüey. No recuerdo por cual circunstancia no asistió el jefe de Matanzas, Santiago Álvarez. Éste era otro a quien Batista rehuía muy ostensiblemente, pese a ser lo que podríamos llamar un «batistiano histórico». Sin embargo de evitar toda conversación a solas con Santiago Álvarez, era lo cierto que sentía por él muy alta estimación y le reconocía merecimientos suficientes para considerarlo su amigo. Álvarez tenía en su aval el haber sido hijo del «Gallego Álvarez» un combatiente valiente de la dictadura machadista y asesinado por aquel gobierno.

Aquellos jefes presentes me eran afines, y estaban alineados en la tendencia que yo lideré dentro del PUR. Por ello les hablé con anterioridad a nuestra presencia en el comedor palaciego acerca de que plantearía, en pleno almuerzo, la necesidad de que el gobierno pusiera término a las actividades guerrilleras de Castro, y requería el apoyo de ellos. Todos lo prometieron, y lo más importante, lo cumplieron.

A mitad del almuerzo cogí al toro por los cuernos y dije a Batista que los allí reunidos habíamos acordado plantearle la necesidad de liquidar el estado de enguerrillamiento que el país padecía, y considerábamos que la celebración de unas elecciones con Castro en la Sierra y sus hombres en los llanos, agitando y creando un virtual estado de guerra, resultaban inoportunas, y además, peligrosas. Que el PUR le anticipaba su más decisivo apoyo a cualquier medida que adoptase el gobierno frente a la subversión, incluyendo, dije, hasta el bombardeo de la Sierra Maestra. El Presidente se fue por la tangente y desvió hacia otro terreno la conversación. De inmediato —yo estaba dispuesto a recibir cualquier reprimenda presidencial—, insistí sobre el tema, y esta vez con mayor énfasis. Batista se limitó a mirarme muy fijamente, y aludió seriamente a otra cuestión.

Terminado el almuerzo hizo una despedida colectiva —Batista evitaba los apartes— y cuando yo iba a mitad del salón, me llamó. Acudí y poniéndome la mano sobre el hombro me empujó suavemente hacia dentro de un despacho que jamás utilizó, y tanto, que la escribanía tenía el tintero vacío.

—Tú no eres político. ¿Cuándo aprenderás? ¿No comprendes que con Castro en la Sierra ganamos las elecciones sin problemas, y nos ahorramos más de un millón de pesos? —Y se extendió en consideraciones similares.

Yo quedé perplejo ante tamaña monstruosidad. ¿Y los hombres que estaban muriendo de un bando y del otro? ¿Las viudas, los huérfanos...? Pensé en todo el drama que el país estaba sufriendo, y no pude contenerme, hablándole, más o menos en estos términos:

—«¡Presidente! ¿Es posible que pensando en el ahorro de un millón de dólares, usted propicie que la gente se siga matando? No, Presidente, usted se está deshumanizando. Usted ha cambiado mucho, perdone que se lo diga.

Batista palideció, creo que más por la violencia que por la vergüenza. Yo tenía toda autoridad para hablarle así, pues me había jugado la vida a su lado más de una vez, y le había situado en un pedestal muy alto, y él lo sabía. Para mitigar aquel golpe, para justificar lo injustificable, me aclaró:

—Mira, como tú no estás ahora muy metido en las interioridades del gobierno, ignoras muchas cosas. Por ejemplo, y para decirte porqué no he bombardeado la Sierra Maestra, he tenido entrevistas esta semana con un diplomático norteamericano —que no es el Embajador— y me he comprometido a pacificar el país sin apelar a la violencia. Aún estamos en negociaciones, y en verdad, no quería revelarte esta cuestión, que espero mantengas en silencio absoluto.—» Días después supe que el diplomático lo era el ex embajador Pawley quien no tenía representación oficial norteamericana, y actuaba por propia cuenta, y cuyas entrevistas con Batista desde el inicio de las mismas fueron un fracaso.

Conocí también, de una conferencia entre Batista y el embajador Smith,[1] efectuada en una residencia de la Sierra, urbanización limítrofe con Miramar, y en la cual Batista había garantizado elecciones libres y solicitaba del gobierno norteamericano que cesara en su ya más que visible apoyo a Castro. Smith, y esto debe reconocerse, hizo cuanto le fue posible por cambiar la equivocada línea de conducta política que el Departamento de Estado estaba siguiendo con respecto a Cuba.

Smith, y lo confesó después, tenía sus simpatías inclinadas a favor del candidato presidencial Márquez Sterling, porque lo estimaba una solución al conflicto. Claro, el diplomático no había contado con Fidel Castro.

Carlos Márquez Sterling decidió tal vez, inspirado por Smith, enviar un mensajero a Castro en la Sierra.

Fidel, quien estaba envalentonado por la pasiva actitud del gobierno frente a sus empeños subversivos, contestó a Márquez que le ofrecía la presidencia de la República, pero por la vía de la insurrección y le recordó el decreto que condenaba a los participantes en las elecciones convocadas por Batista. Márquez respondió que sólo sería Presidente por la soberana voluntad del pueblo expresada en las urnas electorales.

El día 17 de marzo de 1958, Castro dio a conocer la Ley Número 2 de la Sierra Maestra, y la cual exigía a los candidatos para aquellas elecciones que hicieran renuncia inmediata de sus aspiraciones: aquellos que no renunciaren en las zonas rurales recibirían penas «desde los diez años de prisión hasta la pena de muerte» y en las ciudades «la sentencia de muerte podrá ser ejecutada contra el reo ya por las tropas rebeldes o por las milicias que operarán en las zonas urbanas.»

Vi morir, con el cuerpo acribillado a balazos de una pistola 45, a Aníbal Vega, candidato a representante por el Conjunto Nacional Democrático en mi provincia. Recién llegado a su hogar cargaba a su hijita de meses en brazos cuando llamaron a la puerta de su casa en la calle Andrés Bello, de la urbanización La Vigía, en Camagüey. Entregó la criatura a la madre, y al abrir lo balearon salvajemente, falleciendo en la mesa de operaciones en el hospital de emergencias.

Había corrido el rumor de que el cadáver de Vega sería una carnada para que acudieran los jefes políticos al sepelio, y los cuales serían ejecutados en el trayecto. Como jefe provincial del

PUR y candidato a senador cumplí mi deber y acompañé al cadáver hasta el cementerio.

De estos asesinatos varios se cometieron en toda la Isla. En el propio Camagüey fue baleado un candidato a concejal, también del Conjunto Nacional Democrático, y quien residía en La Caridad, urbanización incorporada a la ciudad y separada de ésta por el río Tínima. La víctima trabajaba como colector en una línea de autobuses urbanos y se dedicaba, además, a poner inyecciones y realizar curas menores, pues era un practicante de enfermería. Fue asesinado en presencia de su esposa, cuando se disponía a almorzar.

Autor de ambos crímenes lo fue un jovencito, casi un niño, llamado Leonel, y cuyo apellido no recuerdo, y el cual fue muerto, días después, cuando intentaba asaltar una locomotora en el patio ferroviario de los Ferrocarriles Consolidados, en Garrido. Le dio muerte uno de los tripulantes disparándole dos tiros a boca de jarro, y uno de los cuales le perforó el cráneo. La pistola con la que cometió ambos crímenes tenía cachas de carey con una estrella de oro en cada lado, lo que me hace pensar que era Comandante del «Movimiento 26 de julio».

En el exilio confirmé que Batista había sostenido a Castro en la Sierra Maestra, realizando una política que le resultó funesta al final. El coronel Pedro Barreras, quien había sido jefe de operaciones para combatir a Castro, me contó que en una oportunidad recibió la confidencia de que Fidel Castro se aprestaba a atacar el cuartel de una central azucarera cuyo nombre no memorizo. Él estaba por orden del Estado Mayor, acantonado en «El Macho» cerca de Bayamo, en la costa oriental, y no podía hacer movimiento alguno de tropas sin el previo consentimiento del mencionado Estado Mayor. Consecuentemente, informó por la vía más rápida a sus superiores de la confidencia recibida, y salió con tropas rumbo la central azucarera. La respuesta del Estado Mayor llegó cuando Barreras se acercaba al sitio señalado en la confidencia, pero el comandante Joaquín Casillas,[2] segundo jefe, montó a caballo con siete hombres y alcanzó al coronel, a quien le notificó que la orden recibida de Columbia como respuesta a su anterior notificación, era de *que no se moviera* de «"El Macho" hasta recibir instrucciones al respecto». Barreras titubeó en obedecer, y le dijo a Casillas:
—Bueno, y si «pelo» a Fidel, ¿crees que me amonestarán por ello, o me premiarán?

Casillas, que era todo un valiente pero hombre muy disciplinado, instó a su jefe a regresar abandonando aquella posibilidad de liquidar a Fidel.

¿Por cuál razón el jefe de operaciones debía pedir permiso al Estado Mayor para moverse dentro de la zona operacional? Y mas, ¿cuál razón existió, para que le prohibieran al coronel Barreras atender una confidencia muy confiable, y no enfrentar a Castro? ¿Para qué estaba él de jefe de operaciones en la zona limítrofe con la Sierra Maestra? Estas interrogantes quedan plenamente contestadas en este libro.

El año 1958 fue período de imperio del terror en Cuba. Los grupos urbanos del «Movimiento 26 de Julio» no cesaban en conspirar y alentar y participar en todo tipo de actos de violencia. Desde bombas explosivas hasta sabotajes pasando por asesinatos, caracterizaron la acción de aquellos grupos.

Había comenzado muy mal el año, pues en la noche del 31 de diciembre, que señalaba el final de 1957, una bomba amputó las piernas y destrozó los brazos de una jovencita en el cabaret Tropicana. El truculento terrorismo se anunciaba para 1958 con otra víctima inocente.

Combatir al gobierno y practicar el terrorrismo se constituyó en moda dentro de cierta clase de jóvenes. Y mucha gente ignorante culpaba de aquellos bárbaros atentados al Partido Comunista. Y nada más falso. Eran los miembros del «Movimiento 26 de Julio» quienes llevaban a cabo todos aquellos actos inciviles.

La policía de La Habana, lugar escogido para desarrollar intensamente el terrorismo, estaba desorientada, y mostró en muchas oportunidades síntomas de cansancio. Los petardos estallaban casi debajo de las narices de los propios policías. Era imposible distinguir o sospechar de determinadas personas, pues jóvenes de la alta sociedad, estudiantes de colegios religiosos, fueron terroristas. También damas, y así mismo burócratas bancarios. La relación de los terroristas de aquella época contiene a miembros de todas las capas de la sociedad habanera. ¿Cómo prevenirse de los terroristas, si ellos proliferaban en las menos sospechadas capas sociales?

La impotencia policíaca generó una arremetida de violencia comparable sólo en la historia de Cuba con la ejercida por los cuerpos represivos del general Machado. Batista venía siendo un dictador, pero la violencia de sus cuerpos de seguridad le dieron categoría de tirano en ese año 1958. Y la policía, para cumplir su deber, no tenía otro camino a seguir que aquel que tomó, o renunciar a sus obligaciones de mantener el orden público y la seguridad ciudadana.

El general Pilar García, militar de carrera, y quien había sido en el gobierno provisional anterior, supervisor militar de Guanabacoa, respondió a la violencia con la violencia. Por cada víctima del terrorismo, él cobraría dos a los terroristas. Pero, ¿dónde estaban éstos? Muchos de ellos en los calabozos de las estaciones policíacas, confundidos con otros detenidos como sospechosos. ¿Cuál de ellos era realmente, un terrorista? La policía carecía de medios de identificación. Y es cierto que algunos de los sospechosos, pero no tantos como la propaganda fidelista hizo ver, fueron sacados y asesinados por la policía respondiendo al estallido de alguna bomba y de acuerdo a lo pautado, por el jefe policíaco. Pero, ¿no eran también inocentes víctimas de los terroristas? Y, aquellos que guardaban prisión, si no eran prácticamente terroristas en activo, no hay duda que fueron sus cómplices. Ninguna persona ajena al «Movimiento 26 de Julio», o a los grupos subversivos, fue encarcelada o muerta por la policía. Sin embargo, muchos auténticos terroristas fueron apadrinados por muchos de nosotros, quienes creíamos en las reiteradas proclamaciones de inocencia que nos hacían. Y en otras ocasiones, aunque poníamos en duda su inocencia, bien por recomendación afectuosa de amigos, o por lazos familiares, decidíamos lograr la libertad y hasta enviarlos al extranjero.

Citaré, concretamente, un caso que me involucra muy directamente. Tratándose del hermano del jefe del PUR en el término municipal de El Mariel, próximo a La Habana. Mi correligionario era guarda-jurado de la fábrica de cemento «El Morro», instalada en aquella municipalidad, y tal vez cometió la imprudencia de hablar delante de su hermano acerca de la cantidad y el lugar donde se guardaba la dinamita destinada a barrenar las canteras. Lo cierto es que una noche, su hermano asaltó, con dos compañeros, a la pareja militar que custodiaba el explosivo, dando muerte a uno de ellos e hiriendo gravemente al otro. Y se llevaron todo el explosivo.

Prontamente la policía, a través de una prostituta que acompañó a los asaltantes, conoció la identidad de los autores. La prostituta había sido llevada como señuelo, y era amante de uno de los forajidos. El jefe del PUR fue a mi casa y me habló de que perseguían a su hermano, quién según él, era inocente de cuanto se le acusaba. Sin dirigirme a la policía para investigar, decidí prestarle toda mi ayuda al perseguido, garantizándole la vida. Mis primeros pasos tropezaron con la resistencia policial, y para más, con la del SIM. Ellos aseguraban que aquel hombre era responsable y un oficial del último organismo me advirtió: —«Doctor, lo siento, pero se lo mato en las narices. Ese asesinó a un soldado y dejó moribundo al otro.»

En la noche me entrevisté con Batista, y le expliqué la situación, y hasta le informé de lo que aquel oficial me había dicho, manifestándole al Presidente que si aquel intentaba cumplir su amenaza, tendría que matarme a mí también. Batista quedó pensativo un momento, y terminó por decirme que le ordenara al Ministro de Relaciones Exteriores que le extendiera pasaporte de inmediato y yo lo embarcara para el extranjero, evitando cualquier incidente con el SIM o la policía.

Las peripecias que tuve necesidad de hacer, y el enfrentamiento con miembros del SIM en el propio aeropuerto de Rancho Boyeros no es tema de este libro. Pero aquel hombre viajó con destino a Panamá. Minutos antes, al ver mi conducta enérgica para salvarlo de una muerte segura, se franqueó conmigo, confesándose autor del asalto. ¡Yo estaba protegiendo a un terrorista!

¿Cuántos políticos cubanos miembros del gobierno no extendieron también su mano generosa para salvar o encubrir a otros terroristas? ¿A cuántos batistianos los fidelistas protegieron de los crímenes, atropellos y vejaciones de que fueron objeto por parte de los barbudos de la Sierra, o de los lampiños de las ciudades que tomaron venganza, muchas veces injustamente, contra funcionarios y hasta con simples empleados públicos al servicio del régimen depuesto?

NOTAS

1. Ver libro titulado «Fourth Floor» por Earl T. Smith.
2. Casillas fue fusilado, previo juicio relámpago, a los pocos días del triunfo fidelista.

EJÉRCITO DESARMADO Y PROSTITUIDO

Batista, quien no amaba al ejército, y que ingresó a él por necesidad y viéndolo como una ocupación más, descuidó la institución castrense y mantuvo al ejército cubano a niveles por debajo del de otros países. Él no estimaba los uniformes, ni le mareaban los entorchados. Pudo haber sido, como otros fanfarrones americanos, un generalote cargado de medallas y de condecoraciones, vistiendo ostentoso uniforme. Detestaba todo esto, y en verdad el ejército como institución le era indiferente, considerándolo siempre como un vehículo de poder, bien para ganarlo o para mantenerse en él, siempre dentro de sus bien cortados trajes de casimir inglés, o de hilo holandés. Y no se ocupó de la preparación armada del instituto militar.

En 1958 el ejército cubano usaba aún las armas de la primera guerra mundial. Armas tan anticuadas como los cañones Schenieder que dispararon en Verdún; los rifles casi todos eran *mausers* inventados en 1893 y comprados en 1903, y las baterías de artillería de costa estaban constituidas por cañones «Ordoñez», españoles, y sin piezas de repuesto ni proyectiles. Y a una orden del Estado Mayor, o del propio Batista, se incumplían los reglamentos.

Los oficiales de academia y aquellos que habían asistido a cursos de superación en el extranjero, veían con tristeza, y hasta con miedo, que nuestro ejército se mantenía en materia de armamentos, en un atraso intolerable.

Recuerdo que en las últimas elecciones, en las que resulté electo senador, cierto día el coronel Leopoldo Pérez Coujil, entonces jefe del regimiento «Agramonte», quería una de las dos ametralladoras que me acompañaban, ya que el regimiento disponía de sólo una, y ésta la usaba el teniente coronel Armando Suárez Souquet,[1] quien se encontraba en operaciones. Me comprometí con el coronel a gestionarle una en La Habana, y expresó contentura infantil ante la oferta.

Pero los rebeldes no andaban, y precisa decirlo, ni muy abundantes ni muy modernizados en lo que a material bélico respecta. En cierta ocasión, encontrándome para cenar en un poblado llamado San Juan de Dios, en el término municipal de Esmeralda, provincia de Camagüey, mi mesa estaba a unos cincuenta metros de la escuela pública en la cual habían acampado los miembros de una de las tres *columnas invasoras* que habían bajado de la Sierra para la conquista de Las Villas. Esta columna la mandaba el practicante de farmacia, Jaime Vega,[2] quien había trabajado en una farmacia en Ciego de Ávila, y a quien Castro castigó e intentó deshonrar. Preso al día siguiente un mensajero de la columna, quien se dirigía al citado Ciego de Ávila portando un mensaje, declaró en el cuartel de Camagüey que no habían disparado contra mí porque Vega había alegado que tanto mis hombres como yo andábamos fuertemente armados, mientras ellos disponían de una vieja escopeta y cuatro o cinco revólveres, y además carecían de municiones.

Aquellas famosas columnas invasoras fueron una operación de guerra sicológica. El reducido número de hombres que formaba aquellas columnas, y la orden de evadir todo encuentro con la fuerza pública hasta la llegada a Las Villas, ha sido expuesto, públicamente por muchos de los invasores, y por el propio Che Guevara, jefe de una de aquellas. No fueron las armas rebeldes las que depusieron a Batista, sino la corrupción y la incapacidad del gobierno. Y esa verdad no me cansaré de repetirla.

Sin el previo y reglamentario *párrafo de orden* el Estado Mayor disponía que soldados fueran incorporados al servicio de instituciones o personajes oficiales. Había casi un treinta por ciento de la tropa nacional en comisiones ajenas a las específicas funciones militares. Tales soldados se sentían complacidos porque siempre derivaban ventajas de aquellas situaciones. Había «cuartelitos particulares» con los que se cuidaban las fincas del Presidente, Kuquine y La Dominica. Cada general tenía, para sus servicio particular, cinco o diez soldados, muchos de ellos en funciones de servicio doméstico.

La corrupción que venía de arriba, llegó hasta abajo. El soldado raso trató de sacar ventaja de todo, y practicó hasta la violencia en la consecución de bienes para su servicio. Llegó el momento en que hacendados y campesinos temieron más al soldado que al rebelde. Esta triste verdad precisa confesarla, y lo hago, no para deshonrar a los protagonistas, sino para que sirva de ejemplo y provoque la evitación, en otros ejércitos, de semejantes y tan degradante desintegradora situación.

Ya yo no era protagonista ni de tercera categoría. Pertenecía a la comparsa que integrábamos millares de cubanos asombrados y asustados ante aquel deprimente cuadro nacional.

NOTAS

1. Era, al momento del triunfo de Castro, segundo jefe del Regimiento Agramonte. Preso y torturado fue conducido al paredón con las facultades mentales perturbadas a consecuencia de las torturas.

2. Fidel había dado órdenes a los comandantes invasores de evadir todo encuentro con el Ejército, y Vega faltó a ellas sosteniendo cerca de la central azucarera Macareño un combate con los regulares donde murieron varios rebeldes. Fidel quitó el mando a Vega, y lo degradó. A la huida de Batista el rebelde degradado pretendió recobrar prominencia, y finalmente se enfrentó a Castro, y al tratar de escapar al extranjero por la playa de Jaimanitas, fue preso y condenado.

AQUELLOS AMIGOS DE LA REPÚBLICA

En 1957 se constituyó una sociedad denominada «Amigos de la República», siendo su presidente el doctor Cosme de la Torriente,[1] notable abogado internacionalista al punto de que había sido presidente de la Sociedad de Naciones. Carente de toda habilidad política trató varias veces de incursionar en ella, sin lograr éxitos notables. Junto a él destacaba el profesor universitario y hombre de gran prestigio, José Miró Cardona, falto, también, de las condiciones naturales a todo político, aunque de notable prestigio en los círculos superiores de la sociedad. Otros hombres de igual o parecidas capacidades en distintas materias, se habían unido a la agrupación y cuya constitución provocó grandes comentarios en el país, y fue, para la oposición no revolucionaria, una esperanza de posible solución al problema nacional cuyas características de violencia se acentuaban cada día.

No cabían dudas acerca del prestigio que aquellos dirigentes disfrutaban en sus diversas y variadas ramas de actividades. Pero la arrancada de la «sociedad» fue mala, pues careciendo de visión política anunciaron, al constituirse, su inclinación francamente anti-gubernamental. Tal vez, especulo yo, si ellos se hubieran agrupado con la finalidad cierta de buscar una solución, presentándose como mediadores, algo habían podido hacer en favor de los propósitos por ellos enunciados.

A la incapacidad política fue añadido un elemento de ignorancia del proceso social, y además, de un desaguisado jurídico de proporciones muy estimables. El pedido que la sociedad realizó al Congreso era, también, contradictorio. Se solicitó que el Congreso votase una ley mediante la cual se convocara a elecciones, y el propio cuerpo legislativo declarara su ilegitimidad al disolverse. En primer lugar todo poder político sólo puede ser destituido mediante el imperio de las armas; y en segundo, solicitaban una monstruosidad jurídica como aquella de demandar del Congreso que declarase su ilegitimidad. ¿Si era un poder ilegítimo cómo aceptar sus leyes y menos pedir que las dictase? Toda consecuencia de un poder ilegítimo carece de legalidad. Y tan notables juristas como Torriente y Miró Cardona,[2] suscribieron ese pedido. Bien pronto supo el país que en el fondo de aquella iniciativa estaban aspiraciones políticas, y no el real interés de servir al país. No estaban con Batista, tampoco con Fidel. Eran, más que amigos de la República, amigos de ellos mismos.

Días, tal vez semanas antes de constituirse la «Sociedad Amigos de la República» había anunciado yo mi propósito de constituir un nuevo partido, y bajo el nombre de Partido Social Cristiano, sin la menor relación ni coincidencia con otros partidos de igual nombre y constituidos en distintos países.

El PUR estaba de tal modo dominado por el gobierno, y habiendo perdido su fisonomía inicial, ya me sentía incómodo en aquella militancia que poco se diferenciaba de la *progresista* que tanto y por tanto tiempo había eludido. Al hacer público aquel propósito fui bien claro al destacar que no se trataba de una organización política inspirada en el Vaticano, sino que en ella tendrían cabida cuantos estuviesen adheridos, espiritualmente, a los principios cristianos, y sabedores, además, de que en el mundo nuevo se construía una justa aplicación del socialismo era necesaria.

Fueron muchos los que pensaron que se trataba de una combinación de Fulgencio Batista para obtener un fin determinado. Pero de aquella iniciativa enteróse Batista a través de la prensa. Y debo agregar, que ni siquiera se molestó en llamarme para averiguar qué planes o maniobras traía yo entre manos.

Demasiado pronto conocí que mi proyecto estaba destinado al fracaso. Había tenido una entrevista con un jerarca del «protestantismo» y otra con el jefe «bautista» de una zona. No pude convencer a ninguno para que iniciáramos las gestiones constitutivas del partido. Se me habían adherido, además de mis amigos, sólo unas cuantas personas, y la mayoría, del interior del país.

Solicité una entrevista del Cardenal Arteaga,[3] jefe de la iglesia católica, y la cual me fue concedida con bastante tardanza en relación a mi solicitud. Le informé al Cardenal de mis propósitos y de la necesidad que la nación tenía de agrupar a los hombres de buena voluntad en procura de solución al dramático conflicto que ya estaba provocando derramientos de sangre. El Cardenal fue frío, y recordé mis tiempos de estudiante en un colegio católico por más de nueve años. Intentando lograr un cambio de actitud, evidentemente hostil, le dije que lo había conocido, cuando yo era un niño, y estudiaba en las Escuelas Pías de Camagüey —padres Escolapios— en la casa de una tía, y la cual había tenido excelentes relaciones con mi familia. Aquella invocación familiar no modificó la postura ni el pensamiento del ilustre prelado. Él veía, detrás de mí, la figura de Fulgencio Batista. Bien sabía yo que el sacerdote se oponía a Batista, aunque con la discreción que su alta jerarquía eclesiástica exigía. Salí de allí peor de lo que había entrado.

Me quedaba un recurso para llamar la atención acerca de mi propósito, y decidí, arriesgándome, utilizarlo. Era mi participación en el mitín que los «Amigos de la República» tenían anunciado para la semana próxima a aquella en que visité al Cardenal. Ni corto ni perezoso me fui al despacho del doctor Torriente, quien me recibió, prácticamente, en el pasillo. Como se había anunciado mi propósito de visitarlo, la prensa, la radio y la TV estaban allí. Torriente y yo fuimos retratados. Pero no logré mi propósito. Torriente debió creer que yo era un instrumento de Batista, y aplazó —un aplazamiento que yo anticipaba negativa— la contestación a mi solicitud. Cuando estaba argumentándole al presidente de la «Sociedad Amigos de la República», expresé clara y sinceramente mi posición en ese momento, y puesto que ellos habían abierto la tribuna a todas las organizaciones, políticas o no, para que expresaran sus pensamientos, yo solicitaba, a nombre del en ciernes Partido Social Cristiano, un turno para exponer al país nuestras ideas. Recuerdo que le advertí que no estábamos con Batista, ni en contra de él, sino con el país. (Adivino lo que pasó por la mente de Miró Cardona, quien escuchaba muy atentamente, de pie, allí, en medio de aquel estrecho pasillo que daba acceso al despacho del ilustre ciudadano.)

Con las alas caídas regresé a mi casa. En la noche la TV proyectaba escenas de mi llegada y de la entrevista con Torriente. Y al día siguiente la prensa publicaba nuestra fotografía, calzada con un pie generoso por parte de los periodistas.

No faltaron quienes, aún dentro del propio gobierno, hablaran y comentaran acerca de la «jugada» que Batista había hecho a la nueva asociación opositora. Imagino que el propio Batista se frotó las manos de gozo y apuntó aquello como un nuevo servicio que yo le prestaba. Todos estaban equivocados, pues yo había creído, tontamente, que era posible formar una agrupación que por caminos de paz y entendimiento contribuyera a la solución del problema cubano. Lo creí muy sinceramente, pero cerrando los ojos a la realidad de que yo carecía de la personalidad necesaria para lograr tan elevado fin.

Torriente se entrevistó con Batista. Lo que hablaron ha quedado como un secreto para la historia. Pero la «Sociedad de Amigos de la República» pasó sin pena ni gloria por la historia agitada de aquella época.

NOTAS

1. Torriente fue Senador, Ministro de Relaciones Exteriores, Presidente de la Sociedad de Naciones, Embajador y notabilísimo internacionalista. Miembro permanente del Tribunal de La Haya. En 1957 tenía 85 años.

2. Abogado notable y profesor universitario, Arturo Miró Cardona fue, posteriormente, Primer Ministro al triunfo de la Revolución, siendo destituido y sustituido por Fidel Castro.

3. Manuel Arteaga, oriundo de mi pueblo, a quien conocí en casa de su tía Celinita Arteaga siendo yo niño, y en ocasión de su regreso de Roma donde el Papado le había dispensado un honor que no recuerdo, tal vez su ascenso a obispo. Tanto él como toda la jerarquía católica habían dado pruebas evidentes de rechazo a Batista y su régimen, Cierta vez el Cardenal fue golpeado en la sede episcopal por asuntos estrictamente personales y corrió el rumor de que había sido apaleado por hombres del gobierno.

OTRO SUBPRODUCTO: ENANISMO SENATORIAL

El Código Electoral cubano establecía, para la elección de los representantes a la Cámara baja, el voto directo y personal del elector. Así, también, para los candidatos a concejales. Permitía que los mismos candidatos a senadores pudieran aparecer en la boleta de dos o más partidos. El voto para los senadores era un voto de partido, y no personal y directo.

En 1953 los altos jefes progresistas modificaron el Código y establecieron el voto directo y personal para la elección de los senadores. Ello quebró una tradición de la política cubana, la cual estaba inspirada en el principio de que el senador pertenecía a una clase de más alta representación, bien cultural, como científica y patriótica. De ahí, que la Cámara Alta de Cuba albergó en su seno a los más insignes cubanos de todas las épocas. Se estimaba que el senador era seleccionado y elegido por el partido en razón de sus valores espirituales e intelectuales, y que no se le obligaba al trajín electoral, generalmente contrario al carácter de los notables.

Los partidos honraban sus boletas con hombres de prestigio. Eran esos candidatos senatoriales como una atracción para el electorado, pues sus nombres figuraban en la lista de los notables del país en cualquiera de las disciplinas del conocimiento. Batista cambió las reglas de juego y colocó a los senadores en posición de agentes políticos a su servicio, pues el voto emitido al senador conllevaba el voto al Presidente candidateado en la boleta.

Tal alteración del Código, hecha a propósito de procurarle más votos al candidato presidencial, rebajó la categoría tradicional del Senado cubano. Y los prominentes no se vieron atraídos por una postulación senatorial. Así, la coalición de partidos que eligió a Batista no se vio honrada con la figuración de ciudadanos insignes.

Dentro del propio progresismo, hombres como Andrés Rivero Agüero, no fueron partidarios de aquella modificación que situaba al candidato senatorial en plano de agente electoral del candidato presidencial. El PUR enfrentó aquella modificación al Código, que fue impuesta, en definitiva, por la voluntad de Batista.

Hubo también otras modificaciones pero que afectaban la estructuración de los partidos. Pero no se llamó a los jefes políticos de la oposición para que participaran en las deliberaciones que consideraban nueva estructura electoral. Fue grave error, pues ellos tenían que someterse al nuevo Código, y ajustarse a sus reglas.

Pero, en honor a la verdad, los jefes políticos opositores —tal vez influidos por vientos revolucionarios— no expresaron preocupación alguna por aquel nuevo Código que se cocinaba en las oficinas de Justo Luis del Pozo.

Aquí, gobiernistas y opositores cargan con la misma responsabilidad. Y el triste resultado de la aplicación del nuevo instrumento legal electoral fue lamentable y rebajó la categoría del Senado. En un cuerpo integrado por cincuenta y cuatro senadores, sólo hablaban en el hemiciclo Santiago Rey, Eduardo Suárez Rivas, Anselmo Alliegro que lo presidía, Raúl Lorenzo, Rivero Agüero, Marino López Blanco y Rolando Masferrer.

Los otros parecían mudos. Los hubo, como Gilberto Leyva, que no asistieron a una sola sesión del alto cuerpo legislativo.

Entre los muchos fenómenos que aquel gobierno había generado estaba también, el enanismo senatorial.

Es preciso, para clarificar debidamente la monstruosidad de aquella modificación al Código Electoral, entrar en detalles. Y a eso vamos.

El dinero siempre jugó papel importante en el proceso eleccionario cubano. Y creo que en todos los países esto es realidad. Pero en la política cubana jamás un candidato a senador hizo aporte económico, pues bastante daba contribuyendo con los prestigios de su nombre a la boleta electoral del partido que lo postulaba. Y el nuevo Código, al establecer el voto personal y directo para elegir senador, colocaba a éstos en una situación de competencia personal, y el dinero venía a ser factor principal y fundamental para lograr la elección.

Así, en mi provincia, hubo candidatos a senadores que se vieron obligados a gastar una verdadera fortuna para lograr su elección. Citaré solo a unos pocos: Bernabé Sánchez Cullmen, hacendado, ganadero e industrial anduvo muy cerca de los trescientos mil dólares. Carlos Aguilera confesó, en una reunión, haber invertido doscientos sesenta mil dólares. El doctor Pardo Jiménez invirtió (?) casi doscientos mil. Y José Meneses pasó de los doscientos mil dólares. Era natural que un candidato como yo —estaba postulado también por los partidos de la coalición— que sólo gastó unos sesenta mil dólares, resultara desplazado y quedara de suplente. Agregando a aquella circunstancia de mi pobre inversión, que yo había sido excluido del ticket confeccional en «las alturas», pues, según criterio de Batista, «yo le era tan leal que me conformaría, después de mi derrota, con cualquier posición ejecutiva».

Si se hace un análisis de las candidaturas senatoriales en todas las provincias, se verá que Batista había logrado, con los candidatos senatoriales, unos muy útiles y ricos agentes electorales. Pues el senador al conquistar un voto, estaba, simultáneamente, dando ese voto al candidato presidencial.

Pero lo más grave de aquella interesada modificación al Código Electoral estuvo en que propició y provocó una comercialización escandalosa e inmoral del voto popular. Todo el proceso electoral revistió las características de un gran negocio, en el cual, unos compraban y otros vendían el voto. Los agentes electorales, llamados en Cuba *sargentos* como ya quedó dicho, aumentaron notablemente, y, en la competencia entre ellos, el manejo deshonesto y tramposo llegó a límites increíbles. El mismo agente se ofrecía, y cobraba, a varios candidatos a la vez.

Como la existencia de ese llamado *sargento* fue conocida prontamente por la parte culta de la población, y consecuentemente la más fácil de prostituirse, los electores ponían precio, bien en dinero o en especie, a su voto. Y también solían ofrecerlo, y cobrarlo, a varios candidatos a la vez.

Los candidatos, conscientes de aquella desmoralización electoral, se veían obligados a un gasto excesivo, pues temían ser engañados por la mayoría. Y para asegurarse la elección, en muchas ocasiones, llegaban a depositar en un comercio o en manos de un acaudalado de la localidad, el dinero, que era entregado al agente si al realizarse el escrutinio los votos recibidos por el candidato respondían al convenio entre éste y el agente.

La prostitución del proceso electoral cobró su más escandalosa y repugnante forma en aquellas elecciones en las que Batista, por egoísmo, colocó al candidato a senador, en posición de agente electoral para las elección presidencial.

Padecimos un Senado dócil al Presidente de la República, un Senado sin jerarquía intelectual, aunque formado por verdaderas luminarias de las finanzas en provecho propio. Hubo, como siempre sucede, raras y poquísimas excepciones.

LA MEJOR ALIADA DE CASTRO: LA CORRUPCIÓN

Al comenzar el período electoral para las elecciones del 1952, un joven llamado Ivo Fernández, y quien tenía un taller para imprimir en Silk-Screen, se hizo cargo de elaborar todo el material propagandístico presidencial del general Batista. Si mal no recuerdo, Batista pagaba tan solo el material y el costo de la mano de obra, sin recibir Ivo ninguna utilidad. Producido el golpe del 10 de marzo, Fernández fue designado jefe de una sección del Ministerio de Hacienda, y cierta tarde en la que Batista navegaba con su yate Martha I, muy cerca del pueblo vacacional que se denominaba Varadero, admiró a un lindo yate que se cruzó con él. Al preguntar de quién era aquella tan bella embarcación le informaron que pertenecía a Ivo Fernández. Deduciendo Batista que Ivo estaba obteniendo dinero por medios ilícitos, ordenó su inmediata cesantía.

Aquel despido nos entusiasmó mucho, pese al afecto y la gratitud que le teníamos a la víctima. Pero aquella decisión era síntoma de que no se iban a repetir en el nuevo gobierno los desafueros del depuesto. Si años más tarde Batista se hubiera decidido a despedir a los especuladores, la administración pública se habría quedado desierta y el Palacio vacío.

Me consta que el jefe de policía que sustituyó a Salas Cañizares, iba cada madrugada a la finca Kuquine por la parte de atrás donde estaba la casa del cuñado de Batista, a entregar la recaudación de los juegos de bolitas,[1] charadas[2] y terminales. Esto después de haber separado las partes correspondientes al jefe policíaco y a los oficiales de demarcaciones. Los puestos de cigarrillos en La Habana estaban autorizados, mediante cotización, a recoger dinero en las apuntaciones y apuestas.

Los casinos Tropicana, Montmartre y el Capri, constituían un ingreso fijo, semanal, muy estimable para los jefes policíacos y la famosa casa de Kuquine. Y vinieron a convertirse en vaca sobre cuya ubre exprimían funcionarios de importancia y jefes militares, y cuantos se creyeron con algún derecho para ordeñarla.

Traté de localizar a Martin Fox,[3] una vez, para rogarle diera empleo de *grupier* a cierto amigo de un familiar mío, y Fox no respondía a mis llamadas, advirtiendo yo que me evadía. Una noche me aparecí sorpresivamente en las oficinas del dueño de Tropicana y empujando a un guardaespaldas penetré a su despacho. Me recibió cordial y afectuosamente, y se excusó de no haberme atendido, y aclaró que había dado una orden de carácter general de que no le pasaran llamadas de funcionarios del gobierno, y sólo de los jefes policiales ya «que no puedo resistir a la avalancha de picadas[4] que me están haciendo hombres del gobierno».

El Ministerio de Hacienda se había convertido en una sentina. Los inspectores de impuestos sobre alcoholes, por ejemplo, saqueaban a diestra y siniestra. Y los inspectores de impuestos todos en general, no se les quedaban atrás. Amén de los grandes negocios que se cocinaban en las alturas y de los cuales Palacio obtenía la mitad.

La podedumbre había llegado al ejército. Los generales comenzaron a fabricar lujosas residencias. Les siguieron los coroneles. Aquella hediondez vino de arriba a abajo hasta desmoralizar al soldado de filas.

Se estaba repitiendo la prostitución administrativa de los gobiernos de Grau y Prio. No llegó el régimen de Batista a superar a aquellos en deshonestidad, pero los igualó en los dos últimos años.

Batista ya no designaba ministros a los políticos, sino a hombres dedicados a los negocios. Por ejemplo, el último Ministro de Comercio lo fue un tal «Mongo» Pérez, negociante en maderas y miembro de la Lonja del Comercio de La Habana, sin ningún antecedente político, y menos administrativo, pero con una mano larga extraordinaria para negocios de cualquier naturaleza. Podría citar una larga lista de operaciones increíbles que llevó a cabo en complicidad con Palacio. Los otros ministros no andaban muy lejos en cuanto a quebrantos constantes de las leyes mediante el soborno y las dádivas. Aquello que habíamos censurado y enunciamos corregir al producir el golpe del 10 de Marzo, lo estábamos reeditando, con la sola diferencia de que la depredación no se efectuaba a través de los partidos políticos, ni de sus elementos representativos, sino del propio Ejecutivo Nacional y sus delegados en los ministerios.

Había sido norma en Cuba, y lo es en todos los regímenes democráticos que las posiciones de gobierno sean otorgadas o bien a los partidos políticos o a los practicantes de la actividad política. Batista había cambiado las reglas del juego. Porque había atomizado o subordinado a los partidos y desjerarquizado a los jefes. Una entrevista con Batista se consideraba éxito de un senador y alto privilegio para un jefe político. Mediante la suspensión de las garantías constitucionales, había anulado la acción del Congreso y sometido a los legisladores. Era el amo y como tal procedía. Si fue cierto que la mayoría del pueblo cubano aceptó el golpe del 10 de marzo y lo consideró una esperanza de rectificaciones nacionales, también lo fue el hecho, demostrado, de que mucho más de la mitad del pueblo estaba indignado contra Batista y todos aquellos que de una manera u otra, representábamos el poder de aquellos días. Los partidos de gobierno, en su base, se mostraban disconformes, y en muchas oportunidades, rebeldes.

El malestar se había aumentado en los partidos al designar Batista ministros que no consideraban a los políticos. Los cargos importantes eran otorgados a familiares del negociante de turno, con desprecio de las estimaciones de los valores políticos. En su absolutismo, Batista había despojado a los ministros de la facultad de designar a los empleados de la categoría llamada quinta clase, o séase, aquellos que ganaban sueldo de ciento veinte pesos, y había trasladado a Palacio esa facultad, y el cual vino a constituirse en una agencia de colocaciones. No obstante ello, cada nuevo ministro sacaba de Palacio los nombramientos de parientes y amigotes, y de empleados de sus negocios particulares, sustituyendo a los nombrados por el anterior ministro.

Aunque mis relaciones con Batista estaban frías en los dos últimos años, y muy tirantes en 1958, ningún ministro se atrevió a dictar cesantías contra aquellos en cuyo expediente figuraba como recomendado mío. Sí lo intentaron, y muy reiteradamente, algunos jefes progresistas, pero su influencia con el Presidente nunca llegó a superar el respeto que Batista sintió por mí.

Bien reconocía Batista mis resentimientos contra él por sus perturbadoras actitudes políticas. En los dos últimos años no escribí un artículo ni produje una declaración de adhesión al gobierno, aunque yo figuraba en él. Sí combatí, por la prensa, la radio y la TV a Fidel Castro, que propugnaba una quiebra del sistema democrático provocando una guerra civil que no estaba avalada por antecedentes de sus gestores. Tampoco respeté ninguna de las disposiciones ilegales y coactivas emanadas de la Sierra Maestra.

En mi altísimo afecto para Batista flotaba la esperanza de una rectificación y la adopción de medidas adecuadas. Aquella esperanza naufragó en el mar de las peores confusiones después de aquella última entrevista con el Presidente.

En 1957, no preciso ni día ni mes, viajaba yo acompañando a Amadeo López Castro, ministro de Fomento, en el automóvil de éste, cuando me dijo: «Nuestro amigo está desaforado por el dinero. Yo creo que está loco». Se sentía Amadeo, como yo, asqueado de aquella situación que nos afectaba a todos. No anduvo muy lejos de Amadeo el doctor Alliegro, cuando una mañana, en un rincón de la antesala presidencial, expresó «Lo peor de esta situación es que el Presidente está tolerando la corrupción administrativa de manera escandalosa». El propio Justo Luis del Pozo, que fue un administrador honesto de los fondos del municipio habanero, cierto día se quejó en su despacho, y ante varios amigos, de lo mal que iba la administración pública, mostrando asombro ante la actitud cómplice de Batista.

No me refiero a negocios lícitos como lo fue la compra de los terrenos situados del otro lado de la bahía, y los cuales fueron adquiridos a precio de gallina flaca por una compañía cuyas acciones controlaba Batista, y que adquirieron un valor setenta veces superior al precio de compra, cuando semanas después se anunciaba la construcción del túnel que comunicaba aquellos terrenos con el centro de La Habana. No, eran cosas peores y más graves, que o bien sugería Andrés Domingo a los ministros, o éstos sometían a la aprobación del Presidente. Porque en toda operación deshonesta Palacio —que no era otro que el propio Batista a través de su Ministro de la Presidencia— obtenía el cincuenta por ciento.

Los regímenes del doctor Grau San Martin y de Prío Socarrás se caracterizaban por el escándalo de sus corrupciones administrativas, pero ambos toleraron, y hasta pusieron señalado interés en ello, el libre juego de los partidos políticos. Tal vez piense el lector, y el autor comparte esta duda, que ese juego conllevaba una parte para todos en el festín. Pero el gobierno de Batista, en los últimos años, añadió, a la corrupción de los auténticos, el absolutismo que contrarió el espíritu liberal y políticamente contemporarizador de aquellos.

Sin que los gobiernos auténticos fueran ajenos a favoritismos y dádivas a los jefes de las Fuerzas Armadas, jamás llegaron ni llegó gobierno alguno en Cuba, a conceder tanta influencia ni permitió tanta corrupción a los oficiales de los cuerpos armados. Cualquiera de aquellos pre-fabricados generales de Batista acumuló un millón de dólares —el peso cubano estaba a la par con la unidad monetaria norteamericana.

Miembros del Estado Mayor habían establecido, por el Aereopuerto de Aereovías Q, campo de aterrizaje civil en Columbia, un tráfico diario y constante de neveras, televisores, radios y todo tipo de artefactos eléctricos, que pasaban por sobre toda requisa aduanal y cuyos artículos se vendían en los establecimientos de un señor de apellido árabe. (Dudo mucho una versión que atribuía el agregado a ese contrabando de drogas heroicas.)

No tengo a memoria el monto del crédito acordado para la instalación de un servicio de micro-onda en los cuarteles y vehículos militares, pero sí estoy seguro de que el margen de beneficio alcanzó, para el Estado Mayor, a casi millón y medio de dólares. Aquello había sido una estafa, y de las peores. Tal servicio se limitó a un alcance tan reducido que, una noche, tratando yo de comunicar desde un carro patrulla del ejército situado a unos cuarenta kilómetros del cuartel Agramonte, no pude lograr comunicación, obteniéndola cuando ya estaba situado a unos diez kilómetros. Fue evidente que el servicio instalado fue deficiente, o de un alcance muy inferior al consignado específicamente en el crédito. ¿Dónde estaba el dinero sobrante? ¿Totalmente en manos del Estado Mayor? ¿O Batista lo había compartido con éste?

Muchos oficiales del ejército, quienes conocían y no participaban de los beneficios del régimen de contrabando establecido entre Miami y Columbia, acudían a las aduanas y sacaban, *mano militari* mercancías sin pago de derechos aduanales. ¿Cómo podían los jefes de aduanas, y los inspectores, oponerse a las pretensiones militares si ellos mismos estaban contrabandeando todo el año?

Los jefes de regimientos, a semejanza del jefe policíaco capitalino, cobraban diariamente a los «bancos» y a los sitios de ventas de terminales, charadas o bolitas, el derecho a operar libremente. Y el sistema se extendía a todos los pueblos, sin excepcion. Y cada capitán de escuadrón daba cuenta —deduciendo una parte para los jefes locales— al jefe regional. Y así mismo hacían los sargentos y cabos jefes de puestos en las pequeñas poblaciones.

Desde la época del general Mario García Menocal se estableció un sistema de dádivas a través de la Renta de Lotería, organismo que administraba un sorteo semanal cuyo premio mayor ascendía a cien mil dólares. El billete compuesto de cien fracciones, tenía un precio de veinte dólares. El aludido sistema tenía el nombre de «colecturías» y consistió en otorgar —en papel— a una persona determinada, una determinada cantidad de billetes, y los cuales trasladaba, mediante orden escrita al director de la Renta, a un establecimiento, el cual pagaba al beneficiario un dólar por cada billete. La renta, por su parte, se reservaba una muy estimable cantidad de billetes, los cuales sometía a igual procedimiento, obteniendo una suma semanal superior a los sesenta mil dólares y cuyo dinero era llevado, cada martes, al Palacio Presidencial previa deducción de una cantidad que el Director se reservaba y de la cual repartía una parte entre los funcionarios del organismo.

En los últimos años Batista eliminó las «colecturías» para amigos, o políticos, y con lo cual aumentó muy considerablemente la cantidad que era, semanalmente, llevada a Palacio. Y para colmo, una larga lista de viejos amigos de Batista, de funcionarios retirados, de ex oficiales del ejército, de viejitas batistianas, y en fin, de gentes a quienes teníamos el compromiso de asistir de alguna forma y cuyo total en dinero no pasaba de los quince mil dólares, también fue eliminada. Así, «Palacio», disponía de más dinero.

En sus afanes de economizar gastos para incrementar los ingresos propios, Batista podó dos veces en la lista de los periodistas encargados de cubrir la información de Palacio, a quienes era costumbre entregar mensualmente, en efectivo, una subvención o regalía. Se redujo hasta la asignación destinada a la comida de los miembros del ejército que constituían la guardia presidencial, aunque el presupuesto continuaba siendo el mismo. Y cada año, con cada nuevo presupuesto nacional, se aumentaba la asignación presupuestal para los gastos secretos del Presidente de la República. Aquellas economías no se encaminaban a reducir los gastos del Estado, sino acrecentar los ingresos personales del Presidente.

En los últimos veinticuatro meses, Batista redujo al mínimo las audiencias. Ministros y senadores esperaban días y días para que el Presidente les recibiera. A los políticos, incluyendo a los jefes de partido y a los líderes congresionales, raras veces Batista les concedía audiencia. Huía Batista a los planteamientos de problemas, y a las naturales solicitudes de servicios o favores. Ver y hablar con Batista constituía privilegio excepcional. A más de un Ministro escuché rogar la mediación de Andrés Domingo, para que Batista le recibiera. Por ello los asuntos de Estado andaban tan mal y muchos no se resolvían por el alejamiento que el Presidente hacía de sus ministros. Se agregaba a ese mal, la mala información que el Presidente tenía de los asuntos públicos, y del estado de ánimo popular, ya que recibía interesados informes de aquella corte que le rodeaba.

Un reducido número de íntimos —el médico Mendoza, «Silito» Tabernilla, Roberto el cuñado, Orlando Piedra,[5] Pérez Benitoa, y por supuesto, Andrés Domingo, le veían y hablaban diariamente. Conozco que hasta el propio jefe del ejército, general Tabernilla y Dolz, tuvo problemas para hablarle.

Todo se resolvía, o quedaba pendiente de solución, por Andrés Domingo. Este, al contrario de Batista, era abierto para las audiencias concediéndolas con largura. Afable, con modales y hasta con figura de obispo, Andrés decidía muchos problemas que correspondían al Presidente. De ahí, que dejara un grato recuerdo entre quienes formaban el gobierno por aquella época. Solterón, no mal mozo, tuvo Andrés muy conocidos éxitos con las mujeres.

Jamás recibió Batista dinero de manos de un ministro, sino siempre a través de las de Andrés Domingo, quien se ocupaba, también, de sugerir a aquellos los negocios que podían hacerse. Perdido ya todo pudor, Andrés recibía de manos de los ministros el dinero que se contaba sobre la mesa de aquel, delante de empleados y hasta visitantes en las oficinas de la Secretaría de la Presidencia.

Cuando el Presidente suponía, o recibía confidencias, de que un ministro había realizado algún negocio sin dar cuenta a Palacio, era Andrés quién reclamaba al funcionario el deber en que estaba de aportar el cincuenta por ciento.

«Mira, si el Presidente se entera de eso, se va a incomodar y no tendré más remedio que decirle la verdad», dijo Andrés a más de uno que se fue por su cuenta en operaciones económicas.

¿Cómo y por qué llegó Andrés Domingo a disfrutar de aquella confianza y aquella influencia con Batista? Ocurrió como suelen suceder en la vida muchos actos y situaciones en las que resulta factor determinante la casualidad. Cuando Batista era jefe coronel del ejército tenía pendiente de solución un problema judicial familiar de extrema importancia para él. Necesitaba un juez cuya discreción fuera total, y alguien le recomendó como persona de gran seriedad y más estimable discreción al doctor Andrés Domingo y Morales del Castillo, desempeñando entonces la judicatura. Después de dos o tres entrevistas, Batista confió al juez la premura y secreto con los cuales debería dejar resuelto aquel problema. No revelo el asunto por cuanto involucra a persona de mi mayor respeto, quien no había cometido acción censurable alguna, sino que debía legalizar una situación que más interesaba al propio Batista que aquella. Y como lo que Batista necesitaba era un hombre discreto, ninguno mejor que aquel juez servidor y serio, para designarlo Ministro de la Presidencia.

Justo es reconocer la existencia en el régimen de hombres honestos. No todos se hallaban entregados al comercio desde sus posiciones oficiales. Muchos hubo que resistieron las tentaciones y al contagio y se conservaron honrados. Como muchos fueron, también, los que se contrariaron por los métodos y las formas en que Batista estaba llevando a cabo su ejercicio del poder.

¿Por qué no renunciaron? Se preguntarán muchos, y les contestaré que el poder, siempre, obliga a ciertos compromisos y crea determinados intereses más políticos y humanos que económicos, y difícil resulta, a veces, el abandono de la posición por ese motivo. Hubo, también, quienes alentaban esperanzas de rectificaciones por parte de Batista, más confiados al afecto y la estimación que por él sentían que a otra razón, y existía, además, el pasado de Batista que venía a ser como una garantía de que cuidaría su imagen ante la historia.

Pero esos hombres honestos no constituían en aquel régimen la mayoría. Se trataba de una simple minoría que, además, fue marginándose poco a poco hasta permanecer en el gobierno sin connotación pública y muy lejos de complicidad con aquella mayoría de evidentes especuladores.

Pero hubo honrados y rectos en aquel gobierno, pese a que el mismo fue deshonesto y torcido.

NOTAS

1. La Habana tenía diez grandes bancos que «tiraban la bolita» dos veces al día. Este juego consistía en que el banquero escogía como premiado el número menos apuntado —le llamaban menos cargado— y los afortunados que lo habían señalado como ganador recibían veinte veces la cantidad jugada.

2. Se conocía por Charada un juego inventado por los chinos, y en el cual los números eran llamados con nombres de animales y de cosas, por ejemplo, el número uno era caballo, el cinco mariposa, el doce prostituta, etc., etc. El procedimiento de los bancos era el mismo que con la bolita.

3. Nacido en Ciego de Ávila, vivió siempre del juego. Trasladado a Camagüey montó un gran banco de terminales, y finalmente, durante el régimen de Prío compró, asociado con alguien muy influyente, el cabaret mejor de la Capital y uno de los tres primeros del mundo.

4. Palabra usada en Cuba para calificar a las peticiones de dinero, sinónima de la famosa «mordida» mexicana.

5. Había sido escolta de Batista cuando los trajines de organización del PAU. Muchacho de buenos modales se ganó las simpatías de aquel, y después de 10 de marzo ingresó a la Policía con el grado de coronel, y jefatureaba un cuerpo especial llamado Bureau de Investigaciones.

BATISTA Y LOS COMUNISTAS

Batista se había adelantado a la política latinoamericana, muchos años después generalizada, de dar reconocimiento legal a los partidos comunistas. Siendo jefe del ejército, allá por los años 30, Batista ordenó la legalización del PCC, y así éste pudo participar, con sus delegados, en los debates para la redacción de la Constitución de 1940,[1] y posteriormente en las elecciones presidenciales integrando la coalición de partidos que, en elecciones populares, llevaron a Batista a la presidencia.

Tanto en la elección de delegados de la Constituyente cuanto en las generales más tarde para elegir miembros del Congreso, el PCC obtuvo reducida representación. Y si esta fue mayor en el Senado debióse al hecho, tolerado por el Código Electoral, de que los partidos coaligados podían presentar en sus boletas electorales los mismos candidatos senatoriales, y esto ayudó a los candidatos comunistas.

Cuando se habla del espíritu reaccionario de Batista y de su carácter dictatorial parecen olvidarse las posiciones de centro izquierda asumidas por él en diferentes ocasiones, y de manera muy especial, en esta legalización del PCC.

En 1952 y los dos años siguientes el PCC tuvo muy fundadas esperanzas de volver a la legalidad y participar en la vida política del país. Y si Batista no lo decidió, la razón estuvo en la presión norteamericana y en el temor de que se juzgara como proclive a un trastorno de la economía cubana a su gobierno, producto de un golpe militar. Pero hubo negociaciones en los meses siguientes a marzo. Los rojos interesaban, como condiciones para integrarse al gobierno: *a*) la devolución de los talleres del diario «Hoy», confiscado por Prio, *b*) elecciones sindicales en todo el país, y *c*) inmediato restablecimiento de relaciones diplomáticas con la Unión Soviética, y fue esta última condición, inmodificable por parte del PCC, la que impidió un reencuentro político entre Batista y los comunistas. Ya el State Deparment había evidenciado su oposición a que ninguna nación latinoamericana sostuviera relación alguna con la URSS.

Leí una carta de nuestro embajador en Washington, el doctor Aurelio Fernández Concheso, en la cual informaba a Batista que el Departamento de Estado estaba muy preocupado ante la posibilidad de que Batista diera legalización al PCC, y más aún, de que produjera algún tipo de relación con la Unión Soviética. Agregaba Fernández Concheso, que los antecedentes de Batista tenían nerviosos a los financieros norteamericanos, y que era preciso clarificar suficientemente que el nuevo gobierno no estaba en posición de reeditar su tolerancia y convivencia con los comunistas. Considero que esta carta influyó o determinó en la decisión final de Batista de no aceptar a los comunistas. Porque él, en el fondo, deseaba un retorno a la convivencia con los rojos, de quienes dijo que eran cumplidores de sus compromisos políticos, y que en ese aspecto y no así en otros, eran gente de confiar.

Cuando en 1952 se producía el golpe militar del 10 de marzo, el Partido Comunista Cubano había sido ya diezmado y desintegrado. Durante el gobierno del doctor Grau San Martin, y siendo Prío Socarrás Ministro de Trabajo, se hizo la primera batida, y los rojos fueron arrojados de la CTC —Confederación de Trabajadores de Cuba— y de la FNTA —Federación Nacional de Trabajadores del Azúcar—. Electo Prio, posteriormente, presidente, mantuvo a raya a los comunistas. Los grandes caimanes rojos hicieron mutis y prefirieron esperar la llegada de tiempos mejores.

Tal vez pensaron que la destrucción de Prío Socarrás y el arribo de Batista al poder, proporcionaba la llegada de esos buenos tiempos. Y así, me hicieron un sondeo a través de un enviado de Lázaro Peña, y contesté que hablaría con Batista, respondiendo después. Pretendía, al alargar mi respuesta, ordenar una investigación de las actividades de los jefes comunistas y tratar de descubrir si intentaban alguna maniobra. El informe me fue rendido, y hacía constar que muchos jefes rojos estaban tranquilos y esperanzados de un reconocimiento legal para su agrupación, y que Lázaro Peña estaba escondido en una finquita del término municipal de Madruga, provincia de La Habana. La respuesta de Batista fue que, por el momento, no había estudiado la posibilidad de un arreglo, y que más tarde, consolidado el gobierno, consideraría la cuestión. Dejaba abierta esta respuesta una esperanza que los rojos abrigaron con calor.

Los comunistas permanecieron tranquilos. Supe que el número

de sus militantes, en todo el país, no llegaba a tres mil, y esta cifra me fue confirmada, más tarde, por investigaciones de los cuerpos de seguridad.

Entendía, y con razón de su parte, la dirigencia comunista que el movimiento de Fidel Castro no era auténticamente revolucionario por cuanto se trataba de un movimiento burgués que aspiraba a cambiar los hombres, y no el sistema.[2] Además, el Movimiento 26 de Julio estaba penetrando en las zonas campesinas y proletarias —cantera del PCC— y consecuentemente, le restaba posibles prosélitos. Por otra parte, alegaban ellos, el PCC perdía prestigio subordinándose al Movimiento 26 de Julio. La tesis desde el punto de vista comunista, era razonable. Y la táctica de los comunistas contrariando a Castro muy acertada.

Mucho se ha escrito acerca de la posición comunista de Fidel Castro cuando subió a la Sierra Maestra, mientras permaneció en ella. Un libro, editado en Caracas, Venezuela, en el cual trabajé con informes confirmados, prueba, hasta la saciedad, que Fidel Castro nunca fue comunista. Los argumentos allí expuestos son tan irrebatibles que nadie osó objetarlos públicamente.

Cuando en abril de 1958, fecha aniversario del «bogotazo»[3] —y en el cual la figuración de Castro ha sido injustamente destacada posteriormente— el jefe revolucionario convocó a una huelga general y el Partido Comunista no sólo se opuso a ella, sino que la calificó de «naturaleza politiquera y contraria al interés del proletariado». La fábrica de cerveza «Hatuey», ubicada en las proximidades de la Capital, fue puesta en acción por la intervención de dos militantes del Partido Comunista, y con los cuales conversé ampliamente. Y si bien es verdad que ambos no se identificaron como miembros del Partido, no hay dudas de que el lenguaje marxista empleado por ellos los identificaba plenamente. (Fue muy íntimo mi contacto con el Partido en los años de la dictadura de Machado y ello me dio amplísimo conocimiento de sus tácticas y de su estilo.)

Conservé hasta mi escapada del país, varias copias del manifiesto editado y circulado por el Partido Comunista para enfrentar a la huelga convocada por Castro, y la cual —textual— «pretende desviar la finalidad revolucionaria a la que aspiran obreros y campesinos cubanos». Y esto sucedió, exactamente, ocho meses antes de que se produjera la gran adhesión roja, y según mis informes, unos cuatro meses antes de que subieran a la Sierra Maestra, previo acuerdo con Castro, algunos connotados miembros del PCC.

Bueno es que se sepa que en el PCC había, también, como en todos los partidos comunistas de América, sus divisiones, y que no todos los dirigentes habían aceptado de manera incondicional las directrices que imponía el bureau nacional. Y ese fue el caso, por ejemplo, de Ladislao González Carvajal, quien mantuvo la tesis de apoyar a Castro, y quien actuando por propia iniciativa se adelantó a Carlos Rafael Rodríguez en tomar el camino de la insurrección armada. Esta fue también la actitud de Fidel Domenech. Y obsérvese que ni González Carvajal ni Fidel Domenech, viejos dirigentes y grandes luchadores del PCC, han tenido figuración notable en el nuevo régimen cubano.

Que Raúl Castro fuera comunista, no lo dudo. Pero sí afirmo que nunca fue militante de PCC antes del año 1958. Y en lo que respecta al aventurero argentino «Che» Guevara, no hay huella de su militancia comunista en ninguno de los varios países latinoamericanos por los cuales pasó y vivió hasta su permanencia en la Sierra Maestra como comandante del ejército revolucionario. Puede haber sido, y de eso sólo existen sospechas, un simpatizante del marxismo, pero jamás militante de algún partido comunista.

Y termino este capítulo señalando la actitud norteamericana al oponerse a que Batista diera reconocimiento al PCC, para después prestar todo su apoyo a Fidel Castro, y gracias al cual fue posible el restablecimiento en Cuba de un régimen comunista, sometido a la Unión Soviética, y con relaciones mucho más que estrechas. Esta antinomia parece no hablar muy bien de los servicios secretos de información norteamericanos, y muy mal de los funcionarios del State Deparment.

NOTAS

1. Fueron electos los siguientes seis delegados de ideas comunistas: Romérico Cordero, Salvador García Agüero, Juan Marinello Vidaurreta, Blas Roca, Esperanza Sánchez Mastrapa y Céser Vilar.

2. En mayo de 1958 Castro, en declaraciones al periodista norteamericano Dubois, —confeso fidelista—, expresó: «Nunca he sido ni soy un comunista. Nunca el Movimiento 26 de Julio ha hablado de socializar o nacionalizar las industrias. Todo eso es, simplemente, un miedo estúpido a nuestra revolución.» Más adelante anuncia: «La dictadura debe ser reemplazada por un gobierno provisional de carácter enteramente civil que devuelva al país la normalidad y celebre elecciones generales en un período no mayor de un año.»

3. Eliecer Gaitán, líder del Partido Liberal colombiano, fue asesinado en Bogotá, provocando este hecho disturbios callejeros que culminaron en saqueos, enfrentamientos de pueblo y policías y detenciones por cientos. Se iba a celebrar la IX Conferencia Interamericana —30 de marzo a 2 de mayo de 1948—. Para esa fecha Castro estaba en Bogotá, e infundadamente se le involucra en el asesinato del dirigente liberal.

Y BATISTA ESTABLECIÓ LA CENSURA

El período de los siete últimos años que antecedieron a la subida de Fidel Castro al poder, Cuba era un país en pleno desarrollo. El estancamiento se produjo en 1957 cuando la acción de los rebeldes se extendió a las ciudades y consecuentemente la economía se resintió.

Una prueba del desarrollo que se operaba en Cuba por aquella época está en la cantidad de periódicos diarios que La Habana, capital cubana, editaba: *El Mundo, Diario de la Marina, Excelsior, Información, El País, Alerta, El Crisol, Habana Post* —en inglés—, *El Nacional, Avance, Prensa Libre, Finanzas, Pueblo, Siempre, La Tarde, Mañana, Ataja* y un diario escrito en chino. En lo que respecta a revistas, había tres de circulación internacional, cuyos nombres eran *Vanidades, Carteles* y *Bohemia*, amén de otros semanarios de circulación nacional.

En lo que respecta a televisión, Cuba fue el primer país de habla española que instaló y operó una planta transmisora de TV. Y fue, después de EE. UU., el primer país en transmitir TV a todo color.

En provincias existía una prensa diaria y semanal muy numerosa, pero destacaron por su importante factura y su contenido, diarios como *Diario de Cuba*, en la provincia oriental y *Libertad* en la misma provincia. *El Camagüeyano*, en Camagüey y *La Correspondencia* y *El Comercio* en Cienfuegos. Todos estos tenían categoría para rivalizar con cualquiera de los diarios capitalinos.

Operaban dos grandes canales nacionales de TV, empresas privadas que obtuvieron jugosos dividendos en sus operaciones. Ambas tenían muy bien informados noticieros, y solían interrumpir sus transmisiones frecuentemente para ofrecer al público noticias de última hora.

En un país tan bien informado y en el cual todas las ideas eran expuestas, lógico es suponerle capacitación a su ciudadanía.

El año 1958 desarticuló, por acción guerrillera, la vida general de la nación y a ese dislocamiento no podía escapar la prensa, hablada, radio-visual o escrita.

El deterioro del gobierno había forzado a la prensa en general a demostrar, cada día con mayor fuerza, su matiz opositor. Diarios, revistas, estaciones de radio y televisión parecían voceros de la Sierra Maestra. CMQ, por ejemplo, atacaba fuertemente al gobierno; igual lo hacía el semanario Bohemia, constituyéndose en voceros de la subversión. Muy pocos medios de comunicación social se marginaron de aquella competencia por atacar al gobierno.

Tanto las frecuencias de las estaciones de radio como las de TV eran, según la ley, propiedad del Estado. Éste podía, en cualquier momento, y obrando con toda legalidad, cancelar el permiso de transmisión. Pero Batista no utilizó, en ningún momento, aquel recurso. Y para detener el barraje periodístico en su contra, determinó establecer la censura de prensa, cometiendo, a mi juicio, gravísimo error. Había, no hay dudas, otros medios menos escandalosos, y nada peligrosos, para acallar a la prensa.

Cuando conocí que la censura había sido establecida, y la cual podía en parte justificarse ante la acción rebelde, fui inmediatamente a conversar con el Presidente, exponiéndole argumentos de peso contra aquella medida que venía, indudablemente, a empeorar la imagen del gobierno. Le sugerí al Presidente convocar en el Ministerio de Comunicaciones a los beneficiarios de las frecuencias de TV y radio, cada uno separadamente del otro, e informarles el peligro que corrían de que el gobierno les cancelase el permiso de transmisión, lo que estaba dispuesto a hacer para asegurar la permanencia del régimen.

Para razonar aquella medida por mi propuesta, expliqué al Presidente, después de citar a todos y cada uno de los dueños de las plantas emisoras, que ellos no eran patriotas, sino comerciantes, y que aceptarían un cambio de actitud antes que la pérdida de los altos beneficios que venían obteniendo. De otra parte, el Estado tenía la puerta legal abierta para dictar aquella medida, y bastaría, alegué a Batista, que cancelemos el permiso a una planta cualquiera del interior del país, para que los grandes negocios de radio y televisión se convencieran de que les cerraríamos sus fuentes jugosas de ingresos.

En lo que respectaba a los diarios, expliqué al Presidente que podíamos llegar a un arreglo para tener una oposición negociada. Fui citando uno a uno los diarios que más oposición nos hacían, y después de analizar cada caso aplicaba una regla, seguro de su éxito. Batista no quiso atender mi sugestión, y la censura se mantuvo. En esta medida estaban las influencias del grupo de ineptos que para ese entonces constituían el círculo del Presidente.

La forma en que aquella prensa publicaba los ridículos partes de guerra que emitía casi diariamente el Estado Mayor, resultó grotesca. A veces, el brevísimo preámbulo que antecedía a esos partes, estaba hecho con tanta finura y tanta ironía, que el público solía reír de ellos con ganas.

Gobierno que suprima la libertad de prensa está cavando su pronta sepultura. Sólo la dictadura del generalísimo Franco sobrevivió a una medida de esa naturaleza. Y, lo más curioso, años atrás Batista sostenía esta tesis. Y, en los confusos y nerviosos días que siguieron al golpe del 4 de Septiembre de 1933, Batista rehuyó siempre, y siempre se opuso, a decretar la supresión de la libertad de prensa. ¿Por qué lo hizo después? ¿Por cuál razón, un hombre tan dado a negociar y a contemporizar, se tornó repentinamente en impositor terco de sus ideas y sus intereses? Ello queda explicado en este libro.

El lector ha ido comprendiendo, a través de este libro, que Batista abrió el camino del triunfo a Fidel Castro. Y que éste nada habría sido, si el primero no hubiera existido. Por tanto, no exagero cuando afirmo que Castro es obra de Batista. Pero agrego, que la responsabilidad debe ser compartida entre todos nosotros, los cubanos, de un partido y de otro, de esta clase social o de aquella. Todos, todos somos culpables.

HISTÓRICA REUNIÓN EN COLUMBIA.
UN GENERAL Y UN CORONEL DESERTAN

En la última decena del mes de diciembre de 1958 —sin que pueda exactamente precisar el día— se celebra una reunión en el despacho del Jefe del Estado Mayor, general Francisco Tabernilla y Dolz. En ella están presentes los generales Luis Robaina Piedra, Alberto del Río Chaviano y Pedro Rodríguez de Ávila, y los coroneles Florentino Rossell y Leyva e Irenaldo García, jefe del SIM, llegado accidentalmente, y quien era hijo del jefe de policía de La Habana, general Pilar García.

El Jefe del Ejército expresó sus puntos de vista acerca de la gravedad de la situación, y de la imposibilidad en que, a esa altura, estaban las fuerzas armadas para detener el avance rebelde. Tabernilla informó que había deducido de una entrevista con el Embajador norteamericano —el militar ha sido siempre un fervoroso admirador de los EE. UU., estudió en ellos y residió por años en aquel país— que el gobierno de Norteamérica estaba contra toda solución que no fuera Fidel Castro. Agregó el jefe militar: una demostración de que los norteamericanos no quieren a Batista, *está en la cancelación de todos los envíos de armas a Cuba y para el gobierno.* Hizo otras consideraciones todas coincidentes en la proximidad del derrumbe de Batista. Y tuvo, como era natural que sucediera, eco favorable en los presentes. Cada quien expuso conclusiones afines, y el general del Río Cheviano —cuñado del jefe del Ejército— propuso que se llegara a un acuerdo con Fidel Castro, cuyo acuerdo consistiría en «un alto el fuego en busca de un entendimiento decoroso». Ello fue aceptado y se pensó en que el general Eulogio Cantillo, a través de un sacerdote de apellido Guzmán, fuera quien conviniera con Castro los términos para el señalado alto el fuego. (¿Por qué se propuso al general Cantillo, si las relaciones entre éste y Tabernilla y su grupo eran nada cordiales? ¿Por qué hablaba Río y Chaviano de un alto el fuego si en esa fecha él, y el propio coronel Rosell, habían abandonado, el primero, la jefatura del regimiento Leoncio y Vidal en Las Villas, y el segundo, el tren blindado del cuerpo de Ingenieros que había sido enviado a Santa Clara, ese propio día, marchando horas después al exterior? Inmediatamente el general Batista conocía la naturaleza de lo hablado y los nombres de los reunidos en el despacho del Jefe del Estado Mayor. Fue el coronel García, jefe del SIM, cumpliendo con su deber, quien le había impuesto de todas las incidencias de la conversación.

Al tener conocimiento Batista de aquel acuerdo, tomado a sus espaldas, y después de la entrevista Tabernilla-Smith, consideró a ambos como actos de traición. Es entonces, a mi juicio, y conociendo como conocí las reacciones de Batista, que éste decide dejar el poder y abandonar el país, pero en una próxima oportunidad que debe dejarle tiempo para arreglar sus asuntos con calma. Y es, justamente en la última semana de diciembre que Batista modifica su testamento y transfiere su cuenta bancaria al Chase Manhattan Bank de Nueva York. Una cuenta que no llega al medio millón de dólares, según consta de la revisión efectuada por el nuevo gobierno en las entidades bancarias de Cuba.

Cuando el general del Río Cheviano abandonó el despacho del Jefe de Estado Mayor, fue a su residencia habanera, y horas después partió para Santo Domingo, llegando a República Dominicana antes del primero de enero, fecha en la cual arribaba a aquel país Batista. Y el coronel Rossell, a bordo de su yate Barlovento II, a punta de pistola presiona al patrón del «Viejo Lico», yate propiedad del artista Piñero y huye hacia La Florida. Ambos militares están fuera de Cuba el día 28 de diciembre.

Abundan los libros con intenciones justificativas que reseñan esta reunión, así como la deserción de los citados militares, pero aquí, en esta oportunidad, se refleja enteramente la verdad, y se es fiel, escrupulosamente a ella.

Quiero reiterar lo ya expresado en páginas anteriores relativo a la estrecha amistad, fraterna, que existió entre Rosell y el autor. Ojalá estas líneas no aminoren, nublen o rompan aquellos estrechos lazos cimentados en el respeto y la consideración que ambos se han canjeado al través de los años. Pero este libro se escribe para que contribuya al esclarecimiento histórico, y ponga las cosas en su justo lugar.

Situar a Río Chaviano, como Rosell lo hace en su libro,[1] de conspirador contra Batista, implica acusar de igual actitud a su cuñado, el general Tabernilla Dolz, a quien debió Río Chaviano, simple teniente del ejército, las estrellas de general. Y Río Chaviano carecía de los atributos necesarios para embarcarse en una conspiración y menos cuando ésta podía poner en riesgo la fortuna que acumuló en Oriente cuando desempeñó la jefatura militar de aquella provincia. Río era acusado de ser un «rumbero» empedernido y sus francachelas en Oriente y Las Villas fueron escandalosas y públicamente conocidas. De otra parte, conocí mucho a Rosell para saberle incapaz de traicionar a Batista, aunque sus relaciones con los Tabernilla, que fueron íntimas, pudieron, en alguna oportunidad, hacerle titubear en su lealtad al General-Presidente.

Lo cierto de la deserción del coronel Rosell está en el hecho de que, al llegar al Regimiento «Leoncio Vidal», encontró a Río Chaviano preparando su escapada para La Habana, y fue recibido por éste con estas palabras: «*Me voy para el carajo, porque esto se jodió.*» Seguidamente Río expuso la dramática situación de Las Villas donde los rebeldes tenían controladas, según expresó el jefe militar, la mayoría de las poblaciones. E invitó a Rosell para que le acompañara a La Habana, donde estaba citado, en el Estado Mayor, para una reunión que *sería definitiva*. Teniendo en cuenta que Río Chaviano era cuñado del Jefe del Ejército y disfrutaba de su mayor confianza, era lógico que Rosell se preocupara profundamente por aquellas palabras y de aquella actitud, y que supusiera que éste era, también, el pensamiento del Jefe del Estado Mayor. En esos momentos Rosell no decide abandonar el tren blindado, sino que acompaña a Río a La Habana para conocer la realidad, y ya en Columbia, ante la actitud derrotista y manifiestamente anti-batistiana de los reunidos en el despacho del general Tabernilla,[2] toma la decisión, muy humana, de huir. ¿Puede quedarse en La Habana, desobedeciendo la orden de jefaturar el tren blindado? ¿Debe regresar a Las Villas, donde le espera una derrota segura, y tal vez la muerte? No. Huye a La Florida, poniendo a salvo, también, sus dineros. ¿No estaba el jefe del ejército provocando una traición al Presidente? ¿No huía al exterior el hermano político de aquél? Y esa terrible situación de dudas, de incertidumbre y de carencia de ánimo de pelea contra los rebeldes, dominaba, en general, a los oficiales del ejército cubano.

Subsiste una duda acerca de si los Tabernilla conocieron con anticipación, o no, la decisión de Batista relativa a abandonar el gobierno y el país. Estas dudas se hacen mayores al ser ostensible la discrepancia al respecto establecida entre lo dicho por el general Francisco Tabernilla y Dolz, jefe del ejército, y su hijo, Silito también general, y jefe de los ayudantes presidenciales.

Las relaciones entre la familia Tabernilla y el general Batista fueron muy íntimas, y de extrema confianza. Tanto, que mientras el padre era jefe de las Fuerzas Armadas, sus hijos ocupaban uno el mando de la aviación militar, y el otro, además de la jefatura de los ayudantes, la de la sección de tanques.

Ya en el exilio fue público y algo escandaloso el enfrentamiento entre aquella familia y el general Batista.

NOTAS

1. «La Verdad» editado en Miami.
2. En la carta que Francisco Tabernilla y Dolz envía a Batista, fechada el 24 de agosto de 1960 desde Riviera Beach, Florida, se queja de que Batista no le comunicó a nadie, y ni siquiera a él, su decisión de abandonar el país, sino el propio día de la salida, o séase, el 31 de diciembre de 1958. Pero en carta anterior, fechada en Palm Beach, 31 de diciembre de 1959, el hijo de Tabernilla —Silito—, también general, le escribió, textual, a Batista: «...en aviones ordenados por usted, por usted distribuidos y preparados, con *algunos días de antelación* y puestos en lista —dictados por usted a mí— que yo conservaba en mis bolsillos cumpliendo instrucciones». ¿A quién creer? Al padre que dice no saber de la salida de Batista sino el propio día, o al hijo que escribe y firma que siguiendo órdenes de Batista había preparado aviones y confeccionado lista de quienes los ocuparían. Y más adelante, Tabernilla Palmero afirma: «...nuestra conversación de días antes cuando usted me dijo la forma en que saldrían los civiles...»

RELACIONES WASHINGTON-BATISTA

Las relaciones de Batista con los Estados Unidos de Norteamérica no se iniciaron muy bien. Al producirse el golpe del 4 de septiembre de 1933, cuando los sargentos sustituyeron a los oficiales, el embajador Summner Welles era partidario de una intervención armada de los EE. UU., negándose a ello el Departamento de Estado, comandado entonces por el ministro Cordel Hull. El propio día 7 de septiembre en mensaje de Welles al Departamento, se manifestaba partidario del restablecimiento del gobierno de Carlos Manuel de Céspedes, y reclamó la presencia de las tropas norteamericanas a ese fin, con el propósito de mantener el orden y garantizar la integridad de la vida y propiedades norteamericanas.

Tanto Hull como el propio presidente Roosevelt estaban en aquellos momentos contra toda intervención norteamericana en cualquier país latinoamericano, pues había fecha señalada para la conferencia de Montevideo.

Aquella decisión del gobierno de Roosevelt consolidó a Batista en el mando, quien se había apresurado a nombrar un gobierno pentárquico, constituyéndolo con prestigiosas personalidades en aquella época, tales como Ramón Grau San Martin, Sergio Carbó, José M. Irrizarri, Carlos Portela y Porfirio Franca.

El Directorio Estudiantil, que había sido la vanguardia en la lucha contra Machado, se mostraba partidario de que el profesor universitario Grau San Martín asumiera, solo, la presidencia. Y ello sucedió días después.

Welles, quien había enfrentado a la pentarquía, mantuvo igual actitud frente a Grau San Martin. De ahí que el régimen cubano no fuera reconocido por Washington, lo que en verdad le colocaba en crisis. El Embajador norteamericano estaba por un gobierno constituido por los que él llamaba «los políticos», o séase, Carlos Mendieta, Miguel Mariano Gómez, Joaquín Martínez Saenz, y el general Mario García Menocal. Y ese propósito no tardó en expresarlo a Batista, quien con interés de lograr el reconocimiento norteamericano y ganarse las simpatías del Embajador, maniobró a gran velocidad. Y después de una serie de reuniones y tras la brevísima estancia de Carlos Hevia en Palacio, asumió la presidencia el coronel de la guerra de Independencia, Carlos Mendieta Montefur.[1] Pero cuando esto ocurrió, ya Welles a propia solicitud, había abandonado Cuba, sustituyéndole en la Embajada Jefferson Caffery. Y el reconocimiento para Mendieta y su gobierno fue inmediato.

Quienes no tuvieron oportunidad de llevar un íntimo contacto con los acontecimientos de aquella época agitada, no suelen tener una idea del importantísimo y talentoso papel jugado por Batista en aquellos acontecimientos. Él no tenía prisa en clarificar la situación política, y por el contrario, sacaba muy buen partido de aquella confusión. Sólo él tenía en sus manos una fuerza capaz de imponerse y dominar la situación, por tanto, mientras más se complicara ésta más eran sus posibilidades de determinar. Bastaba con que sacara las tropas a las calles. Pero no lo hizo. En su fija idea de constituirse en árbitro de los destinos cubanos, no forzó ninguna solución, sino que apeló a reuniones y conferencias con los distintos grupos en disputa. De todos ellos, el Directorio Estudiantil le era el más adverso, pues los estudiantes que lo formaban, algunos graduados ya, tenían firmes convicciones civilistas. Y Batista, con gran habilidad, meses después, dividió al grupo estudiantil.

Si Mendieta era el presidente, no había dudas de que el poder estaba en Columbia, más concretamente, en el despacho del coronel jefe del ejército. Y esta situación, frente a un hombre de carácter como Mendieta, la manejó Batista con extraordinaria habilidad e hizo reiteradas manifestaciones públicas de sumisión al poder civil. Salvo dos o tres casos, todos los ministros atendían a Batista preferentemente, y así, el Presidente estaba cercado por la influencia del coronel.

Si Mendieta nombraba a un miembro de su partido de gobernador de Provincia, a los pocos días éste terminaba obedeciendo a Batista. Porque se sabía que el real poder estaba manejado por éste. Las decisiones intrascendentes estaban a cargo de Mendieta, pero las trascendentes, se acordaban en Columbia y se llevaban a Palacio. Mendieta sobrellevó aquella situación con innegable decoro, y Batista jamás hizo ostentación de su poder, ni menospreció al pundonoroso ciudadano que, más por servir a su país que por otra razón, aceptó, después de reiteradas solicitudes, hacerse cargo de la Presidencia de la República.

La supresión de la Enmienda Platt a la Constitución de Cuba, y la cual autorizaba y reconocía el derecho de la intervención militar norteamericana en Cuba con plenos poderes de gobierno, fue abolida en acuerdo suscrito entre ambos países el 20 de mayo de 1934. Fue, sin la menor duda, la más hábil de las jugadas de Fulgencio Batista. Aunque sus relaciones eran, en ese momento, cordiales con los EE. UU., no estaba muy seguro de que se mantuvieran en ese nivel indefinidamente, y corría el peligro, si la Enmienda estaba vigente, de un desembarco de *marines* que pusiera término a su manejo del país.

Para los norteamericanos la suspensión de la Enmienda Platt tenía una finalidad internacional, y más propiamente, latinoamericana, pues era el propósito presentarse a los países del hemisferio como un *verdadero buen vecino*. Tanto Welles, como después el embajador Harry S. Guggenheim, sostenían que la vigencia de la Enmienda estimulaba a muchos políticos cubanos a promover desórdenes para impulsar sus propios fines. Este criterio lo compartía también el entonces Secretario de Estado cubano doctor Cosme de la Torriente.

Batista quería estar seguro en el mando, y para ello maniobró intensamente en el logro del acuerdo que culminó con la eliminación del apéndice constitucional que pendía sobre él como permanente amenaza. Sabía que podía presionar sobre el Departamento de Estado, tanto por la situación política interna prevaleciente en los EE. UU., cuanto por la inquietud latinoamericana frente a las posibles intervenciones norteamericanas. Por su parte, Washington iniciaba una nueva política con estos países, consistente en ganárselos por las buenas, y no por las malas. Y aprovechó Batista muy bien las coyunturas favorables a sus propósitos.

En un muy documentado libro titulado «Estados Unidos y Cuba» —Negocios y diplomacia 1917-1960— Robert Freeman, el autor, escribe: «Fulgencio Batista, la Cenicienta de los coroneles, fue el eje político de este ajuste, puesto que se convirtió en garantía de un gobierno cubano amistoso hacia los Estados Unidos...» Debo advertir que Freeman, al través de todo el libro, se presenta como un censor de Batista y de la política llevada a cabo por el State Deparment en relación a Cuba.

Batista no era, ni creo que lo fuera nunca, un antinorteamericano. Por el contrario, le oí siempre frases de admiración para aquel país y para sus ciudadanos, a los que calificaba de trabajadores, con admirables iniciativas y respetuosos de las leyes. Puede decirse que fue siempre pro-norteamericano. Lo que no equivale a decir que estuviera resuelto, como no lo estuvo nunca, a poner en condiciones de inferioridad a Cuba bajo los EE.UU. Se hizo respetar como Presidente, de todos los embajadores norteños y más que ninguno, bien lo sabe el ex embajador Spruille Braden.

El embajador Braden, en cierta ocasión, visitó al Ministro de Hacienda y le formuló algunas preguntas indiscretas. El funcionario lo comunicó inmediatamente a Batista y éste ordenó al Ministro de Relaciones Exteriores el envío de una nota enérgica a Washington, expresando el desagrado del gobierno cubano por aquella conducta del Embajador. Y días más tarde se negó a recibir a Braden, quien, finalmente, fue relevado del cargo.

Por ser los Estados Unidos de Norteamérica el principal comprador de azúcar cubana y el primer importador en razón de su cercanía a Cuba, ningún gobierno sensato trataba de ganarse su enemiga. Y eso hizo Batista, quien, por el contrario, procuró siempre estrechar más los lazos entre ambas naciones. Hasta Ramón Grau San Martin, quien se mostró marcadamente antinorteamericano en su gobierno provisional, realizó semejante política a la de Batista en su período de elección constitucional, 1944-1948. Castro ha podido hacer lo contrario en razón de que ha sido utilizado por la Unión Soviética como punta de lanza en la política de guerra fría, y ello ha constituido la subordinación tanto política como económica de la Isla, a la Unión Soviética. Jamás estuvo Cuba tan dependiente ni tan sometida de los EE. UU. como ahora lo está de la Unión Soviética.

El Departamento de Estado, en su Sección de Asuntos Latinoamericanos, estaba en manos sospechosas en 1957. Y ellas provocaron el enfriamiento de las relaciones Batista-Washington. Máximo culpable de aquel cambio de temperatura lo fue un funcionario que había residido en Cuba allá por los años 30, y quien se hacía llamar Guillermo Arturo Montenegro, cuando su verdadero nombre era el de William Wieland, quien disfrutaba de la protección e intimidad de Roy Rubotton, subsecretario a cargo de los asuntos latinoamericanos.

En 1938 Fulgencio Batista viajó, como invitado oficial del gobierno norteamericano a aquel país. No era jefe de Estado, sino del ejército. Y pese a ello, pronunció un discurso en lengua inglesa ante el Congreso de aquella nación. La prensa lo acogió con cálido entusiasmo y grandes titulares y las recepciones se siguieron una tras otra. El propio Departamento de Estado se había prodigado en atenciones a Batista. Se arguye que las atenciones tenían relación con las deudas que el gobierno tenía contraídas con varias empresas norteamericanas y se estaba en gestiones para que las mismas fueran canceladas, y sabiéndose que Batista era el árbitro, a él había que apelar para una solución favorable.

El anteriormente citado libro de Freeman, al respecto, dice: «El Embajador de los Estados Unidos en Cuba, J. Butler Wright y el encargado de negocios en la Isla William Bealac, trabajaron con el coronel Batista para procurar el arreglo deseado. La cooperación del Jefe del Estado Mayor del Ejército se consideraba de importancia fundamental en cualquier negociación. El Coronel asistió a muchas reuniones que mantuvo el Embajador de los EE. UU. con el Presidente de Cuba, y en ocasiones se discutieron problemas con él, antes de efectuarse esas reuniones.»

Un incidente con miembros de la CIA —Agencia Central de Inteligencia— puso a ese organismo norteamericano, tan influyente, contra Batista. Ocurrió a finales de 1956, cuando un importante dirigente de la CIA, señor Kilpatrick, sostuvo una conferencia con Batista y en la que estuvo presente el consejero de la embajada norteamericana señor Topkins.

Estaba tan seguro Batista de que no existía peligro de una acción comunista —ya estaba Castro en la Sierra Maestra— que se negó a una proposición de Kilpatrick, la cual consistía en enviar a Cuba a un grupo de técnicos norteamericanos para impartir a la policía cubana adiestramiento y entrenamiento en técnicas y tácticas anti-comunistas. Se crearía así, explicó Kilpatrick, un cuerpo eficiente para impedir cualquier intentona comunista, oportunidad que los EE. UU. debían prevenir en razón de la cercanía de Cuba con el territorio de aquel país.

El General-Presidente fue cortés con el miembro de la CIA, pero rechazó aquella proposición, considerándola una *intervención* en los asuntos propios de Cuba. Y aclaró a Kilpatrick y al Consejero, que estaba seguro de que el PCC carecía de fuerzas y de influencia en las masas trabajadoras y campesinas cubanas, y que, de otra parte le era grato informarles que «ya estaba en funciones, muy eficientemente por cierto, un departamento especial consagrado a la tarea de vigilar y estrechar a los comunistas, y que tal organismo denominado BRAC estaba afortunadamente a cargo de un gran policía, especializado en esta materia, Mariano Faget, quien había recibido cursos especializados en los propios Estados Unidos.

Aquella cita de Batista parece haber disgustado a la Central de Inteligencia. Pero ella misma estuvo apoyando a Fidel Castro, a quien nunca, pese a su bien pagados y numerosos servicios secretos, consideró un comunista. En la negativa del visado norteamericano para Batista está, sin duda, la Central de Inteligencia, pues disgustó mucho aquello de la *intervención* que señaló el Presidente.

Aquel hombre que fue una estrella para el Departamento de Estado cuando propulsó el pago de las deudas a compañías norteamericanas, y cuando visitó Washington en el año 1938, resultaba un ogro indeseable después.

Hay pruebas, más que evidentes, de como el Embajador norteamericano en Cuba, en el año 1957, estaba contrariado por la forma en que el Departamento de Estado actuaba en los asuntos cubanos. Y abundan las manifestaciones públicas contradictorias entre el uno y el otro.

Cuando Batista huyó al exilio supo, con dolor, y hasta con cierta vergüenza, que el Departamento de Estado había determinado no otorgarle visado para viajar a EE. UU. Y Batista había sido, en 1939, el primer adherente a EE. UU. cuando éstos determinaron pasar a la beligerencia en el conflicto llamado Segunda Guerra Mundial.

La prohibición de visa estuvo vigente hasta la muerte de Batista, acaecida en Madrid en 1973.

Como queda visto las relaciones Batista-Washington terminaron en parecidos términos a como se iniciaron en 1933.

NOTAS

1. Mendieta había perdido en la asamblea nacional del Partido Liberal la postulación presidencial, ganándola Gerardo Machado, para las elecciones de 1924. Fundó, conjuntamente con otros notables, el Partido Unión Nacionalista. Se alzó en armas contra el gobierno de Machado, siendo hecho prisionero en Dos Ríos, provincia de Pinar del Río. Había sido anteriormente, y por el citado Partido Liberal, representante a la Cámara. Era médico, pero no ejercía la carrera. Ganó en la guerra de Independencia las estrellas de coronel.

BATISTA: EL HOMBRE

Batista nació en Banes, pueblo de la provincia oriental, el día primero de enero de 1901. Tuvo por cuna, la más humilde, pues la casa bajo la cual nació tenía de guano el techo y las paredes de tablas de palmas, con piso de tierra. Su madre, Carmela Zaldívar, fue una campesina con afincado amor maternal, abnegada a lo máximo y dedicada a las tareas totales del hogar. El padre de Batista, sin embargo, gustaba del ron, la parranda y, carecía de todo oficio.

Hablaba Batista con amor y orgullo de su madre, mientras evitaba citar al padre, temeroso, tal vez, que al asaltarle recuerdos de la infancia pudiera expresar vergüenza o resentimiento contra él, pues fue la madre quien le hizo caminar más de un kilómetro de ida y otro de regreso cada día para que asistiera a la escuelita pública ubicada en el pueblo, ya que la casa de los Batista estaba en la periferia urbana. Y fue ella quien, ahorrando de lo poco que el padre llevaba a la casa, periódicamente le daba el realito para la compra de la libreta y el lápiz.

Siendo un niño, Batista se fue a trabajar como mozo aguatero al servicio de una cuadrilla de españoles que laboraban en reparaciones de la vía férrea. Duros fueron los recuerdos de aquellos días, tanto por lo mucho que tenía que andar desde su casa hasta el sitio de trabajo, cuanto por el sol que durante horas, tuvo que soportar. Con lo que ganaba aquel muchacho ayudaba al mantenimiento de sus hermanos menores, los cuales eran dos y respondían a los nombres de Hermelindo y Francisco, conocido este último por Panchín. El hermano mayor de Batista murió, víctima de la tuberculosis, cuando el después Presidente era un niño.

Cansado de aquellas largas caminatas Batista decidió hablarle a un sastre del pueblo y se convirtió en su aprendiz. Pero aquel empleo le duró poco, ya que lo dejó cuando otro muchacho lo motejó de mariquita porque pasaba el día con la aguja y las tijeras y después de un cruce de golpes llegó a casa con un ojo amoratado. Se ofreció a un barbero como ayudante, y también en aquel aprendizaje estuvo poco tiempo, pese a que tenía a mano la prensa del día que solía leer con interés. Cuando la madre le amonestó porqué dejaba los empleos, le contestó que no sabía de ningún barbero ni algún sastre que hubiese pasado a la historia y él quería ser alguien grande para incrustarse en ella.

El hambre apretaba en el hogar. Y considerando a Banes pequeño escenario para lograr lo que quería, se fue a Antilla, quieto y bonito pueblo costero, y fue mandadero en los muelles, hasta llegar a cargador de bultos. Duro trabajo que le acostaba cada noche con las espaldas doloridas y los brazos exhaustos. Un incidente con el capataz lo dejó sin trabajo. Y terminaron los periódicos envíos de la carta a Banes con unos pesos para ayudar al mantenimiento de la familia. Durante aquella cesantía se las ingenió para dormir y comer, pues cuando lo echaron del empleo sólo tenía en sus bolsillos la paga del día. Muchas noches, me contó, durmió sobre los duros tablones del muelle, y algunos días sólo hizo una frugal comida.

Una huelga en el ferrocarril de Antilla, que nada tenía que ver con los Ferrocarriles Consolidados que transportaban carga y pasajeros a través de la Isla, le dio la triste oportunidad. Una oportunidad de la que viviría avergonzado siempre. Porque ante la necesidad de ayudar al mantenimiento de su madre y hermanos, Fulgencio Batista y Zaldívar se vio convertido en rompe-huelga, él, que ya tenía inquietudes sociales, y pretensiones sindicalistas.

Fue un trabajo breve, el cual le obligó a abandonar Antilla. Y en un tren de carga, viajando de polizón, llegó a Camagüey.

En la histórica ciudad cubana donde las iglesias parecían vigilar la ciudad de un ataque aéreo y en cada casa había un tinajón abierto bajo la canal para recoger el agua de lluvia, durmió las primeras noches Fulgencio Batista compartiendo el lecho mugriento y sudado con una vieja prostituta que vendía sus amores en la calle Owen, al fondo de la cárcel. Aquello le repugnaba, pero había que asegurarse el techo en la noche y el desayuno en la mañana.

En su búsqueda de una ocupación, pensó en los ferrocarriles, que constituían la mayor fuente de trabajo en aquella ciudad, pues allí estaban los talleres en el barrio Garrido, y las oficinas principales en La Vigía. Hombre previsor, Batista se había provisto de una carta recomendatoria de un funcionario ferroviario de Antilla, y con ella en el bolsillo trató de hablar con Mariano

Cibrán, jefe de personal de la empresa en aquella época, y éste no pudo recibirlo. Se fue Batista, entonces, y lleno de esperanzas, a la residencia de Calixto Subirats, alto empleado de la compañía y éste, compadecido del visitante que con tanto interés pedía trabajo, le citó para la próxima mañana en sus oficinas. Y el día próximo ingresaba el desocupado a prestar servicios como palafrenero en los trenes de carga.

Batista, vanidoso, siempre dijo que fue retranquero, siendo lo cierto que desempeñaba oficio inferior y de sueldo mucho más bajo.

El expediente de Fulgencio Batista en los Ferrocarriles Consolidados, dice que trabajó allí como «palafrenero» por término de veintiún meses, y al cabo de los cuales solicitó su retiro, habiendo observado intachable conducta. Y hay nota que señala que estaba a punto de pasar al cargo de retranquero.

Se señala el ingreso de Batista al ejército —y él mismo lo expresó así— como hecho en La Habana. Lo cierto es que su alistamiento se produce en Camagüey, en el Regimiento Agramonte, por recomendación del para entonces comandante Pedro Vilató, quien logra su traslado a la Capital, donde realmente, hace su ingreso físico, y viste el uniforme.

Se sabe Batista un soldado impreparado, no vislumbra la posibilidad de un pronto ascenso y se afana en cultivarse. Un día, andando por una calle del barrio de Luyanó —y en cuya zona vivía en un modesto cuarto alquilado, en una vecindad, llamada en Cuba cuartería—, pasa frente a la puerta de una edificación en cuyo frontispicio un enorme letrero decía: «Academia García. Taquigrafía y Mecanografía. Gramática. Instrucción superior». Y se decide a entrar. Va de soldado, relucientes los zapatos, impecables pantalones y camisa, y engomados los cabellos. Habla con Luis García, le cuenta sus ambiciones y necesidad de saber, y añade, su carencia de dinero. García le abre las puertas de su academia, y le obliga sólo a comprar los materiales de trabajo: lápices, libretas, libros de texto y comienza con ahínco el apredizaje. En la barraca del cuartel estudia y se gana el mote de «El Filomático» por el que ya le llamarán sus compañeros. (Asegúrase que el mote fue bautizo de Juárez, el cocinero de la tropa, quien llegó a comandante después del golpe del 10 de marzo.)

Ya el soldado Batista tiene en su poder los títulos de mecanógrafo y taquígrafo. Y logra que Luis García le ocupe como profesor de gramática española, cargo que desempeña en las horas libres del cuartel y García le paga por ello veinte pesos mensuales.

Cuenta García que Batista llamaba la atención por la limpieza y cuidados de su persona y por el planchado de sus ropas y sus zapatos siempre lustrados. Contaba, también, que el timbre sonoro y muy masculino de la voz de aquel soldado impresionaba a todos cuantos le trataban y que a una indicación del profesor comenzó a estudiar fonética, pasando horas y horas leyendo en alta voz. Le quedaron, no obstante, ciertas fallas que nunca pudo corregir por mucho que se esforzó. El pronunciamiento de la letra *r*, acompañada de vocal, fue un gran e incorregible problema para él.

Batista estaba buscando trabajo para abandonar el ejército al vencerse el tiempo convenido. Pero una convocatoria dictada por el Estado Mayor para cubrir una vacante de sargento taquígrafo en la jefatura del ejército, sella el porvenir de Batista, pues gana las oposiciones, y asciende a un nivel superior, tomándole dictado, por ejemplo, al General Alberto Herrera, jefe del ejército. A la convocatoria concurrieron dos aspirantes: el ganador y el cabo Urbano Soler, quien, después del golpe militar del 4 de septiembre llevó sobre sus hombros la estrella de comandante o mayor.

Quiere mantener, ya sargento, el cargo de profesor de la Academia García, y exige un aumento de sueldo que se materializa y llega a treinta pesos. Ya ha nacido Mirtha, la hija mayor, fruto de sus amores con Elisa Godínez, su primera esposa. Vive en la Calzada de Jesús del Monte, frente a donde comienza la calzada de Luyanó, en un pisito alto, de un viejo edificio. Batista quiere y necesita más dinero y se dedica a un negocio de pollos que, al cabo de unos meses, lo deja endeudado, arruinando su primera aventura mercantil.

Fía a la suerte su mejoramiento económico y juega billetes de lotería. Pierde siempre. Pero tiene fe en el futuro. Compra y vende prendas, relojes, sortijas, prendedores, lo que sea. Tiene una buena clientela en el campamento. Y por su eficiencia y constancia gana pronto el respeto y consideración de sus superiores.

Él no usa prendas, ni siquiera el anillo de compromiso. Pero un día compra una sortija de oro con una amatista montada y lo hace para revenderla. Por vez primera se siente atraído por una prenda y coloca la sortija en un dedo de su mano derecha. Va a la venta de cigarrillos de la esquina de Toyo, frente a su casa y compra diez pedazos de billete. En el autobús que lo lleva a Columbia va contemplando la primera prenda de su propiedad. Le subyuga el violeta pálido de aquella piedra con irradiaciones amarillas. Al día siguiente, Fulgencio Batista y Zaldívar se sacaba el tercer premio de la lotería nacional. No es rico, pero está feliz, compra a Elisa un nuevo juego de sala, ropitas a la hija y él adquiere un automóvil de uso. Ya no irá más a Columbia con el riesgo de estrujar sus pantalones y camisa en el atestado autobús, achaca su buena ventura a la posesión de la sortija y decide quedarse con ella para siempre.

Años después, cuando llega a la jefatura del ejército, regala a sus amigos sortijas con amatistas, réplica de aquella que, según él, le trajo la buena suerte. Había un joyero, de apellido Herrera, y cuyo padre era comandante de la policía, que confeccionaba aquellas sortijas. Lucir tal amatista en la mano, equivalía a decir: «Soy amigo de Batista».

Un hombre de origen tan humilde y quien proclamaba a los cuatro vientos su historia de trabajos y penalidades, tenía que encontrar el rechazo de la encopetada y cerrada sociedad habanera. Ninguno de los presidentes salió de tan abajo. El más modesto fue Tomás Estrada Palma, quien ejercía de maestro de escuela, pero nacido en familia de clase media. José Miguel Gómez, Mario García Menocal y Gerardo Machado, habían sido generales de la Guerra de Independencia; y Alfredo Zayas y Alfonso, abogado y políglota; Carlos Manuel de Céspedes, Embajador, e hijo del Padre de la Patria, del mismo nombre; los pentarcas todos fueron profesionales; Carlos Hevia, Ingeniero; Manuel Márquez Starling, abogado y escritor; Carlos Mendieta, médico y coronel de la Guerra de Independencia; José A. Barnet, diplomático de carrera; Miguel Mariano Gómez, abogado, e igual Federico Laredo Bru; Grau San Martin, médico y catedrático universitario. Consideraba aquella sociedad a Batista como un mestizo; mientras unos le aseguraban sangre negra, otros murmuraban que su ascendencia era india boliviana, y los menos aseguraban que venía de familia siboney. Y en derredor a su primera esposa y su matrimonio se echaron a rodar toda clase de comentarios y a los cuales no escapó la segunda.

Batista, que gobernó al país por años, no conoció las instalaciones del Havana Yathc Club, donde se agrupaba la juventud de la alta sociedad habanera; ni tampoco supo como eran los salones del Vedado Tennis Club, otra aristocrática sociedad; porque el círculo de la alta sociedad le estaba cerrado para siempre. Personajes del gran mundo social que fueron sus ministros, como Jorge García Montes, Carlos Saladrigas, Raúl Menocal y algunos otros, socialmente le rechazaban. Ninguno jamás lo invitó a fiestas en su hogar. Ni recuerdo que Batista siendo o no siendo jefe de Estado, asistiera a ninguna de las fiestas que se organizaban en los altos círculos sociales de Miramar o del Country Club.

Puedo asegurar que Batista se había hecho de una esmerada

educación social. Su trato era exquisito, además de dominador. Y cuidó, como ningún otro Presidente, del protocolo social y diplomático. Cierta vez que caminábamos en su despacho de un extremo a otro, me llamó la atención, muy afectuoasamente, cuanyo me puse a su derecha, recordándome que *él era el Presidente*.

Y aquella encopetada sociedad fue siempre contraria a Batista. «Ese mulato», decían muchos con desprecio. Y por aquel repudio injustificado e injustificable, dio su apoyo a Fidel Castro. Y en su pecado llevó la penitencia, pues Castro no sólo acabó con ella como sociedad, sino que como gente, lanzándola al dolor y a la pena del exilio, como pago a su tonta frivolidad.

Además de la sociedad también fue siempre hostil a Batista la iglesia católica en su alta jerarquía. Aunque siempre Batista respetó a la iglesia, ésta le fue adversa, tal vez porque no estaba sumado a sus fieles, o porque en sus gobiernos no dio, como otros lo hicieron, preferencia y atenciones a ella, y viéndola y tratándola siempre como corresponde al deber de un Jefe de Estado democrático de un país cuya naturaleza laica define la Constitución. Pero el cura de Cuba, formado en España, solía sentirse, generalmente, como miembro del Estado, o prolongación del mismo. Tal vez influía en su actitud el conocimiento de que el clero hispano está subvencionado por el Estado, ya que cada sacerdote recibe un sueldo, y el cual varía según la jerarquía del mismo. Este tutelaje español al sacerdocio católico se refleja en la actitud de la mayoría de los curas que ejercen en Latinoamérica.

En su vida privada Batista fue un hombre moral. No tuvo vicios, ni fue víctima de manías. Bebía, generalmente, antes del almuerzo, un coctel a base de ron. Fumaba, muy ocasionalmente, un habano y cuyo humo no aspiraba, tirándole siempre cuando éste había quedado sólo hasta la mitad. Sí fue algo mujeriego en los primeros tiempos que siguieron al 4 de Septiembre de 1933, pero de manera casi definitiva abandonó las aventuras amorosas. Estaba consagrado a la política y a su hogar. Le conocí, en doce años, tres fugaces romances, los cuales calificaría de breves entusiasmos carnales.

Estaba en tal modo entregado al poder que manejaba, que no fue hombre de fiestas, ni gustaba abandonar Palacio, limitando sus salidas a los actos públicos imprescindibles, y a visitas los fines de semana a su finca Kuquine. Y hasta su inicial inclinación a la pesca fue vencida por su dedicación al poder. Jamás le oí decir de la necesidad de unas vacaciones, ni en doce años las tomó jamás.

No conocí tampoco de ningún hobby en ese hombre. Si bien

es verdad que en los primeros años de su poderosa influencia gustó de los relojes de pulsera, teniendo infinidad de ellos, puedo afirmar que llegaron a serle indiferentes. En cuanto a religión, desmiento la versión de que Batista creyera en la brujería y de que consultaba con un famoso brujo a cuyo «santuario» sí acudían personalidades políticas, económicas y sociales de La Habana. Él no creía en nada, y decía que con la muerte todo terminaba. Político hábil, jamás definió su filosofía esotérica, pues en un pueblo como el nuestro, tan dado a la brujería, al espiritismo, al catolicismo y todo género de creencias de poder extraterrestre, ello era exponerse a la pérdida de adeptos. Lo mismo daba la impresión de ser católico que espiritista, si el sujeto con quien hablaba pertenecía a una de esas creencias. La primera misa que vio fue una mañana, en plena calle, cuando su esposa organizó un acto de ruego a la Virgen de la Caridad, la cual se ofició en la Avenida Misiones. En ella estaba Batista en cuerpo, pero no en alma, con una cara asustada, pues era ajeno a toda la liturgia católica.

Cuando era candidato presidencial por el PAU alguien le tomó una fotografía en los jardines de Kuquine, sobre el fondo de unas matas enredaderas. Me llamó una noche y me dijo «¿No ves un indio en el fondo? Está bien clarito y definido.» Le contesté que sí, y era evidente que las ramas configuraban la cabeza, pero de un indio piel roja. «¿Qué te parece mandar a imprimir unos cuantos millares, para que la gente que cree en eso, y aquí son miles, vea que tengo la protección de un cacique? ¡Sería una buena propaganda!» Y, como era lógico, mandamos a reproducir por millares aquella fotografía. En la intimidad, Batista hacía burlas de aquello, pero cuando alguien le hablaba del asunto, sonreía como asintiendo a la protección que recibía del Más Allá.

Sus hermanos Hermilindo y Panchín por el contrario, eran practicantes habituales de los ritos brujeros. Tenían en sus respectivas casas de residencia altares con santos del catolicismo rodeados de frutas: manzanas, plátanos, melones y hasta mangos. Tanto el uno como el otro eran *habitues* de las ceremonias más destacadas de La Habana, Regla y Guanabacoa. A Panchín lo aconsejaba un brujo de Marianao, el cual tiraba los caroles.

¿UN ASESINO?

Tanto y durante tanto tiempo se ha dicho de Batista que gustaba de la violencia, que el dicho ha pasado a la historia como una característica del hombre. Yo puedo afirmar que ningún político cubano detestó tanto el uso de la fuerza y sintió mayor repugnancia por la sangre, que Fulgencio Batista. Pero la sangre y la violencia le persiguieron con diabólica persistencia en todos los períodos de su vida pública.

Puede decirse que su aparición sopresiva en la vida nacional y en un ambiente de violencia revolucionaria, le conquistaron la resistencia de ciertas clases sociales que se violentaron, también, creando climas de fuerza. La violencia no emanaba directamente de él, sino que nació en el medio, como gestada por fuerzas extrahumanas. Por ejemplo, el golpe del 10 de marzo fue incruento y se llevó a cabo sin el ejercicio de la menor violencia física, pero es cierto, también, que se violentaron las leyes y se quebró el ritmo constitucional, reviviendo la inclinación agitadora de las clases mencionadas. Batista provocaba la violencia más que la practicaba.

Hay un trozo inédito de nuestra historia que es hora de revelar. Trátase del golpe del 4 de septiembre de 1933, el cual marca la aparición de Fulgencio Batista en el escenario nacional... No se trató de un movimiento esencialmente revolucionario, sino simplemente de una demanda de clases interpuesta por los sargentos. La historia ha recogido la falacia de que una sublevación con fondo revolucionario fue inspirada por Batista, la cual llevó a la sublevación militar y destitución de los oficiales del ejército. Fue otra la realidad, y esta fue torcida por la incapacidad y la culpa de los oficiales en la dictadura depuesta y por la habilidad política, manifestada por vez primera, de Fulgencio Batista.

El 12 de agosto el dictador Machado huyó al extranjero. El

país respiró libertad en un clima de revolución. La agitación conmovió a todos los sectores sociales cubanos. Y un aluvión de reivindicaciones de toda naturaleza saturó el medio nacional. A aquella actuación no escaparon los sargentos en el Campamento de Columbia, sede del Estado Mayor militar.

Aquellos sargentos usaban polainas de lona amarilla, mientras los oficiales lucían lustradas botas de cuero. La asignación alimentaria de los sargentos y la tropa, era insuficiente. El tiempo franco de los oficiales era mayor que el disfrutado por los sargentos. Y plantearon como demandas de inmediata satisfacción aquellos problemas esencialmente clasistas y alejados de toda conexión con la revolución en marcha.

Líder de aquel movimiento lo fue el sargento Pablo Rodríguez y no el sargento Fulgencio Batista.

¿Por qué y cómo Batista aparece, después, como cabecilla del movimiento? ¿Cómo, días más tarde, ocupa realmente la dirección, y se adueña del mando?

Eran días confusos. Nadie quería reconocer sus contactos y sus responsabilidades con la dictadura depuesta. Los oficiales tuvieron miedo de que los sargentos les imputaran la realidad de su complicidad con la dictadura, e ignorantes de lo que en realidad los sargentos querían, no asumieron sus responsabilidades de mando en el campamento. Esta ausencia provocó irritación en la tropa. Los sargentos asumieron el mando porque les fue entregado por los oficiales. Temió la sargentería, a su vez, que los oficiales intentaran alguna maniobra para sancionarlos y arengaron a las tropas contra la oficialidad. Y ésta, alentada por ciertos políticos, entre ellos el general Mario García Menocal, se concentra en el hotel Nacional, y hace de él un cuartel.

Los Estados Unidos, aún vigente la Enmienda Platt que les confería constitucionalmente el derecho a intervenir en la Isla y nombrar gobierno, tenían entonces como embajador en Cuba a Sunmmer Welles. Y los sargentos acuerdan enviar un delegado para que explique la verdadera naturaleza del movimiento al diplomático norteamericano. Batista apunta que él sabe inglés y está, consecuentemente, dotado eficientemente para llevar a cabo la misión. Y se acuerda que el sargento Batista visite al diplomático. (Para esa época, es muy poco el inglés que Batista conoce, y sabe, además, que el diplomático norteño habla perfectamente el español. Y lo sabía porque más de una vez vio y oyó al Embajador en la antesala del Jefe del Ejército.)

Welles recibe a Batista dando por hecho consumado la sublevación de los sargentos, y quiere mediar en busca de un arreglo.

Batista, y ahí está su capacidad política, no aclara que el movimiento ha tenido una naturaleza esencialmente clasista y acepta la inculpación de sublevado. Ha comprendido, además, que la intervención diplomática ha sido provocada por los oficiales para asegurar sus posiciones. Y el sargento, cuando sale de la entrevista con Welles declara a los periodistas que la sargentería está adherida, sinceramente, a los principios de la revolución que generaron la caída de Machado. Y habla de la necesidad de proceder a una depuración en las filas militares.

Pablo Rodríguez increpa a Batista una vez que éste ha llegado a Columbia y le acusa de haber hablado como jefe. Batista afirma que lo hizo a nombre de todos. Pero el sargento Batista ha crecido su imagen ya entre sus compañeros y Rodríguez es derrotado. Batista lo hace arrestar, lo libera después y más tarde lo asciende a comandante, retirándole posteriormente y ubicándole en un cargo subalterno en el Ministerio de Educación y en el cual dura muchos años.

El presidente Carlos Manuel de Céspedes está en la provincia de Las Villas, recientemente azotada por un ciclón, y al regresar a La Habana no se dirige a Palacio, sino a su residencia, resignando al mando. Ha sido diplomático y sus manos carecen de tino para conducir la nave del Estado sobre aquel mar tormentoso. Y ese gesto consolida a los sargentos en el mando.

El cañoneo al hotel Nacional, primer acto de violencia en el que Batista se ve envuelto, tiene, desde un punto de vista estrictamente político, sobrada justificación. La presencia de aquellos militares en aquel acantonamiento, desobedientes a un gobierno revolucionario ya constituido —La Pentarquía— constituye motivo de agitación pública. Precisa que el ejército liquide aquella situación, y los sargentos —en quienes ha prendido ya la humana ambición de poder— plantean un ultimátum a los oficiales. Y cuando las tropas rodean el hotel, los ocupantes disparan contra ellas. Pero el esfuerzo es inútil, y finalmente se rinden, abandonando el hotel. Pero Batista no toma represalias, y los deja en libertad. No hay fusilamiento, ni siquiera, arrestos. Varios cadáveres, de uno y de otro bando, quedan como testimonio de la batalla.

Batista gustó siempre de las negociaciones. Se le podrá inculpar de prostituir políticos, ya que solía comprarlos con suma frecuencia, pero nunca de someterlos por la fuerza. Creo que no hubo un político notable que resistiera a la tentación de negociar con Batista en la época señalada o en cualquier otra. ¿Cuál de ellos no colaboró en los diferentes regímenes que el sargento estableció, o sostuvo? Ya hemos visto como el doctor Ramón Grau San Martín, su más histórico y enconado adversario, se prestó al juego establecido por Batista.

Hay señalado empeño en trasladar a la historia la condición de asesino en Fulgencio Batista. Y ello constituye una injusticia que debemos reparar y evitar. Quienes le conocimos como yo le conocí, tenemos el deber, insoslayable, de despejar las tenebrosas sombras que una propaganda interesada, y apasionada, han formado en torno a la auténtica personalidad de este hombre.

Cuando el doctor Pelayo Cuervo Navarro es asesinado en Miramar, después de ser arrestado por miembros del Bureau de Investigaciones, Batista montó en cólera. Llegué a Palacio segundos después de que el Presidente había sido informado. Batista estaba violento y demandó una investigación exhaustiva —cuyos resultados no pararon en nada— pero los hizo con toda sinceridad y animado de imponer castigo a los culpables. Y cuando se le presentó el coronel Piedra, jefe del Bureau, Batista lo increpó y le exigió que antes de 24 horas quería ver presos a los asesinos. «Ese crimen —gritó— además de un salvajismo, es una estupidez.» Agregando. «Eso le hace más daño al gobierno que el desembarco de una expedición.»

En la ocasión en que Fidel Castro es detenido y conducido a prisión como autor del asalto al cuartel Moncada, Batista telefonea al jefe militar de Oriente y le hace responsable de la vida de Castro.

Existe una leyenda acerca de un intento de envenenamiento contra Castro. Por absurda, no acredita ninguna aclaración.

Batista firma la amnistía que votan los partidos de gobierno en el Congreso, lo cual hacen después de consultas con Palacio. Y esa amnistía beneficia a muchos reos de delitos políticos, pero de manera muy especial a los asaltantes del cuartel Moncada, entre ellos, al propio Fidel Castro. Si se leen las actas de las sesiones en las cuales se discutió la amnistía, se verá que algunos líderes del progresismo se pronunciaron contra ella.

Se niega Batista a la solicitud de políticos y militares para que haga un bombardeo sobre la Sierra Maestra para terminar con los rebeldes. Creo que en esta actitud Batista estaba jugando la carta de que la permanencia de los rebeldes en la Sierra le favorecía, pues así podía gobernar con manos libres al país. Pero lo cierto que el bombardeo no se produce.

El coronel Ramón Barquín, delegado de Cuba en la Junta Interamericana de Defensa, organizó una conspiración contra Batista en el año 56, exactamente para producir el golpe el día 4 de abril.

Batista citó a su despacho a este conspirador, conversó con él largamente, y le estrechó la mano en despedida. La conspiración fracasó y Barquín quedó en libertad. Fue, más tarde, en un segundo intento, cuando Barquín es preso y juzgado en Consejo de Guerra. ¿Qué habría hecho un auténtico dictador con semejante conspirador reincidente?

Se habla de una larga lista de muertos, pero en verdad no se acerca a la cifra que los fidelistas y los adversarios de Batista han propalado. Precisa agregar a esa lista, la relación de las víctimas del terrorismo y de los policías y soldados asesinados por los rebeldes en las ciudades, de noche, y disparándoles por las espaldas. Pero de esto no se habla, porque en un mundo de falsa libertad y más falsas democracias como el nuestro, nadie quiere desentonar con la orquestación hipócrita que nos atolondra y también nos envilece.

La intervención militar cubano-soviética en Angola, por citar un caso, no ha provocado las iracundas protestas de organizaciones culturales, ni de grupos obreros, ni de toldas intelectuales, mientras que si se produjeron cuando los *marines* desembarcaron en República Dominicana con el respaldo moral de gobiernos de América.

Y yo detesto tanto un soldado cubano en Angola como a un *marine* en Santo Domingo.

BUEN CARÁCTER DEL GENERAL

Tenía Batista, generalmente, muy buen carácter. Gustaba de hacer bromas a costa de los demás y como influencia de su vida de cuartel, tenía la fea costumbre de hacer bolitas con las migas del pan y lanzarlas, traviesamente, contra los comensales. Cierta vez logró colocar uno de aquellos disparos sobre la niña del ojo de un invitado pasando tremenda vergüenza y culpando el hecho a error, pues, según dijo, para disculparse, la bolita iba dirigida contra mí.

Un mediodía llegué a Palacio y al entrar al salón de espera del tercer piso, vi que allí estaban varios generales. Después de saludarles les pregunté qué tiempo llevaban allí esperando al Presidente, quien, según yo sabía, los había invitado a almorzar. Uno de ellos, quejoso, me informó que pasaba de media hora la espera. Entré en la habitación del Presidente urgiéndole a salir pues los generales llevaban largo tiempo esperando. «¿Cuáles generales?» —me preguntó—. «Los que usted nombró» —le contesté—. «Pues, si no ganaron esas estrellas ¡qué esperen! —agregándome, muerto de risa— Figúrate si hubieran tenido que esperar ganar las estrellas, la mayoría seguirían esperando todavía... y lo que les faltaría.» Y entonces, muy deliberadamente, como para probarme que los generales le importaban un comino, se sentó a darme conversación sobre temas intrascendentes. Un rato después se levantó de la butaca, diciéndome: «Ahora voy a atender a esos, ¿cómo dijiste? ¡Ah, sí, generales!

Vi las sonrisas y oí las frases amables que regaló a sus invitados y también la cara de felicidad que reinaba en cada uno de ellos y quienes rivalizaban por decirle zalamerías.

Un mediodía, después de almorzar, me invitó a una partida de billar. Confieso que no sé ni coger el taco. Quiso él que yo saliera e hice mi primera jugada que resultó un fiasco. «Tira otra vez» me pidió. Y, al ir a tirar observé que estaba haciendo muecas semejantes a las que yo solía hacer como víctima del exceso de trabajo y del descontrol nervioso. Me irritó aquella mofa que me hacía delante del ayudante de guardia y alguien más que no recuerdo ahora. Abandoné el taco, y le dije: «Presidente, le toca a usted». Estaba riendo como un muchacho, vino para abrazarme, ordenó al ayudante que colocara el taco en la taquera y nos fuimos a su despacho sin hablar más del juego de billar ni de la mofa. Transcurrido un rato en el despacho, y sabiendo que yo me había enfadado, me obligó a aceptar como regalo un encendedor para cigarrillos, todo de oro, que guardaba en una gaveta de su escritorio.

Otra vez en Kuquine, y antes de dar el golpe del 10 de marzo, almorzábamos. En un descuido de Roberto, su cuñado, le echó sal en el café, carcajeándose estruendosamente ante la mueca de asco que el pariente dibujó en su cara al beber el primer sorbo.

Frente a esas muy frecuentes actitudes de buen humor, hubo otras, muy escasas, que revelaron arranques coléricos. En Nueva York, residente del Waldorf Astoria y cuando preparaba el viaje de traslado a Daytona Beach, lo vi en el extremo de la irrascibilidad cuando la esposa seleccionaba las fotografías de ella que llevarían a su nueva morada y ella colocó en el grupo de las que llevaría, una foto en la que, por cierto la esposa lucía bellísima. Se le avalanzó y le dijo: «Esa foto no, Marthica.» Al tratar ella de conservarla en sus manos, él se la arrebató y cambiando de color la hizo pedazos tirándolos al suelo. Carmen Gamero y yo, que presenciamos la escena, quedamos impávidos ante la cólera que dominaba al General. Ignoro la razón por la cual Batista detestaba aquella foto de su esposa.

En otra ocasión, y cuando estábamos trabajando en la confección de aquel libro que se tituló «Sombras de América», el cual desnaturalizó finalmente para convertirlo en intrascendente diario de un maestro de primaria en viaje, se encolerizó conmigo. Él pensaba traducir al inglés aquel texto y había contratado los servicios de un traductor que trabajaba para las Naciones Unidas. Debía entregar a éste unas cuartillas las cuales buscamos muy afanosa pero inútilmente. De pronto recordé que el citado texto él lo había llevado a su habitación dormitorio y se lo recordé. Negó rotundamente que él tuviese esas cuartillas y me imputó el extravío de las mismas. Yo le hice reiteración de que se las había llevado dos noches atrás. Cambió de color. Y una vez ido el traductor me increpó, y me dijo que nunca más se me ocurriera desmentirlo en presencia de persona extraña. Le expliqué que no había desmentido alguno, sino muy oportuna aclaración

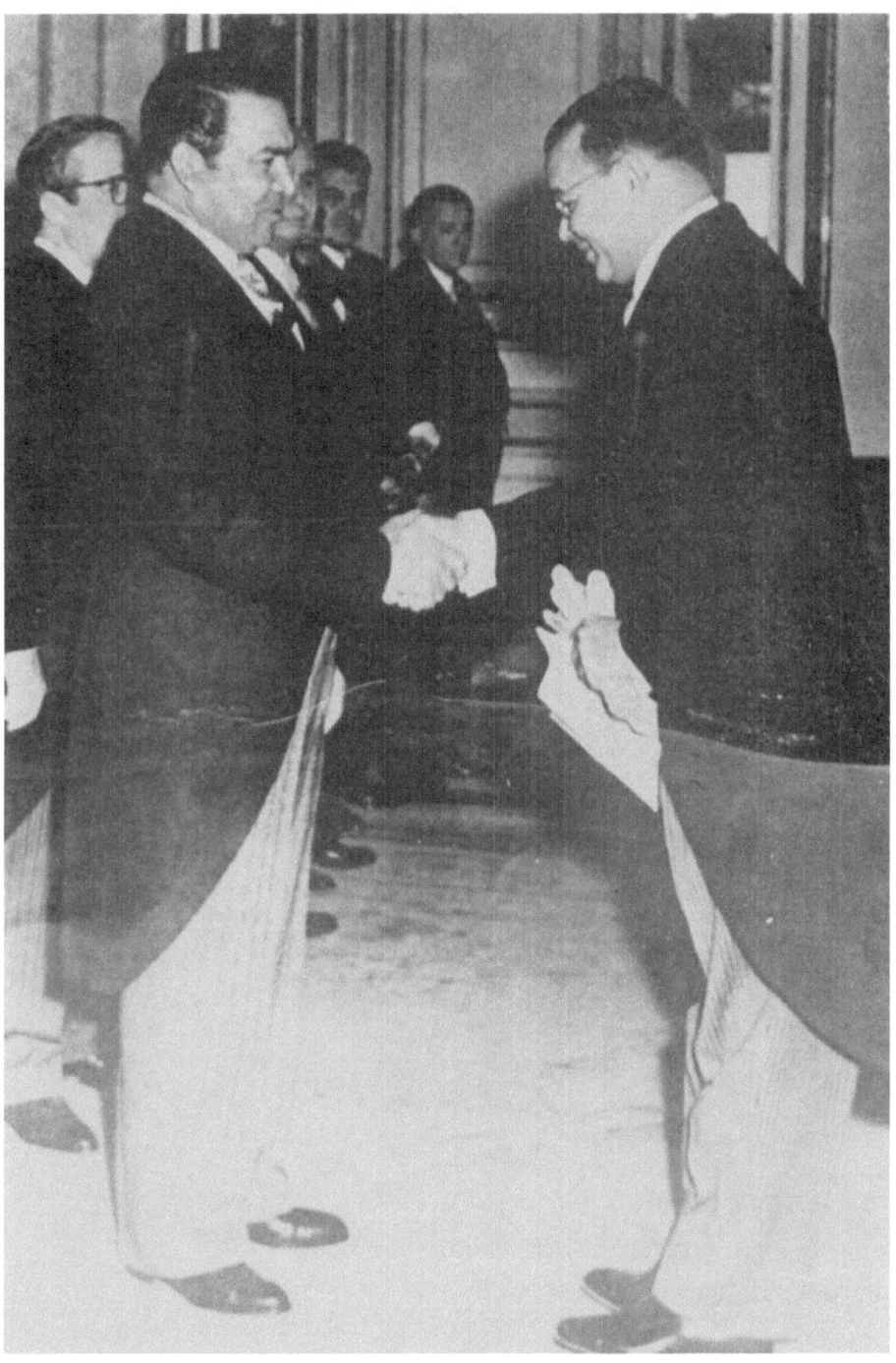

El Presidente Batista en ocasión de recibir, un primero de enero, los saludos del cuerpo diplomático acreditado en el país.

El coronel Fulgencio Batista, jefe del ejército cubano, visita a los Estados Unidos de Norteamérica, recibiendo altos honores oficiales, y hablando en el Congreso norteño. A su derecha, el secretario de Estado Summer Welles, quien conoció a Batista cuando aquel era Embajador en Cuba, en septiembre de 1933.

El Presidente Eisenhower y el general Batista, en Washington.

En el Waldorf Astoria de Nueva York, el exiliado cubano Fulgencio Batista, y su secretario privado, autor de este libro.

El 10 de Marzo de 1952 Batista habla al país, desde el propio cuartel militar de Columbia, a través de la radio. A su derecha, con corbata, el Primer Ministro del Interior del gobierno revolucionario. Ramón J. Hermida.

Bastante grueso por el reposo, en su finca Kuquine, antes del golpe militar que lo llevó nuevamente al poder, Batista hace ejercicio mientras un caballo ponny corre tras él.

En su residencia campestre, meses antes del 10 de marzo de 1952.

Rodeados de los generales en su despacho de la residencia del Jefe Ejército, en el Campamento Militar de Columbia. A su derecha, el jefe de las fuerzas armadas general Francisco Tabernilla y Dolz.

El general Batista visita las instalaciones del Almirantazgo, Domingo y Morales del Castillo, y a la derecha de éste, el general Francisco Tabernilla Palmero, jefe de sus ayudantes y de la sección de tanques. Al extremo izquierdo, el almirante Rodríguez Calderón.

En 1954 Batista entrega la presidencia provisional de la República a su ministro Andrés Domingo, para entrar en campaña electoral, ocupando la jefatura de la nación, nuevamente, en 1955.

En marzo de 1957, después del asalto al Palacio Presidencial, Batista se dirige a la guardia palaciega.

Un gesto muy característico del hombre que, por varios años y en dos ocasiones distintas, fue el árbitro de los destinos de Cuba.

Ya había perdido su apuesta figura militar, y también, aquellos bríos que le fueron tan propios en años anteriores. Gordo, millonario y de espaldas a su historia, Fulgencio Batista parece aquí, con su boina, un retirado terrateniente.

por cuanto me acusaba de haber extraviado aquel material. Su cólera aumentó y estuvo a punto de reñir físicamente conmigo. Cuando me ponía el abrigo para retirarme, me dijo: «Eso es lo mejor que puedes hacer.»

Al día siguiente no fui en la mañana, como era mi costumbre, al Waldorf. Y en la tarde tocaban a la puerta de mi apartamento dos camioneros que llevaban a mi esposa una máquina de coser como regalo de la señora Batista. Yo intenté no recibir el obsequio y los portadores me explicaron que tenían órdenes terminantes de dejarlo allí. Llamé al Waldorf a la Gamero, y ésta, sin dejarme hablar, me informó que el «Presidente» me pedía excusas y me rogaba que me tomara el día de vacaciones, pero que al siguiente me esperaba para que le acompañara al sastre, a las once en punto. La Gamero tuvo la costumbre de llamar siempre a Batista, Señor Presidente, y pareciéndome aquel título muy adulatorio, siempre le dije general.

Cuando me presenté en el Waldorf, a la mañana siguiente, sobre mi escritorio había un paquete con una tarjeta de Fulgencio Batista. Dentro, varias finísimas corbatas, y un texto que decía: *A las once vamos al sastre.* Ese día hizo que me tomaran las medidas y me regaló tres costosos trajes.

Otra vez lo vi colérico en el Campamento de Columbia, el propio 26 de julio, día del asalto al cuartel Moncada, en Oriente. Junto conmigo entró para saludarlo y expresarle adhesión el entonces administrador de la Aduana de La Habana, hombre que, en la campaña política del PAU había gastado varios miles de dólares ordenando afiches con la efigie de Batista. Después de estrechar, con visible desgana, la mano del visitante, e ido éste, se dirigió a mí diciéndome: ¿Cómo dejaste entrar a ese m...? Yo le expliqué que había sido el general Francisco Tabernilla y Dolz, jefe del ejército, quien le había franqueado la puerta. Llamó con los peores adjetivos al militar, quien se había marchado ya, pero de aquella escena fue testigo un íntimo de Tabernilla, el coronel Ugalde Carrillo, entonces jefe del SIM.

Días después llegó la destitución del que había sido fervoroso partidario y el nombramiento de Manuel Pérez Benitoa en lugar de aquél. El rumor de que el depuesto funcionario tenía sus *flaquezas* rodaba desde mucho tiempo atrás, y se comentó bastante aquella debilidad del entusiasta colaborador en los días muy activos de la campaña electoral. Lo cual me evidenciaba que la destitución vino por influencia conyugal sobre Batista, pues la esposa quería mucho a «Manolo», como solía llamar al nuevo funcionario. Este afecto y consideración quedó probado cuando él fue comisionado para acompañar a la familia presidencial a Nueva York, la madrugada de la huida.

Pérez Benitoa había sido uno de los pocos amigos de Batista cuando éste aspiraba a Presidente de la República por el PAU. Una vez por semana acompañaba yo al General al suculento almuerzo en la casa de MPB, donde, regularmente, solían poner en la mesa fuertes platos de la sabrosa cocina española, acompañados siempre de un excelente vino hispano.

DEL WALDORF A DAYTONA BEACH.
DESVENTURAS FAMILIARES

A Martha Fernández, esposa de Batista, se le pueden hacer muchas imputaciones en lo que respecta a su influencia negativa sobre Batista y consecuentemente, en su responsabilidad en el errado y fatal proceso que culminó en el triunfo de Fidel Castro. Pero precisa reconocerle sus muy afincadas condiciones de mujer amante de la familia. Ese amor la llevó a forzar a Batista al traslado de Nueva York a Daytona Beach, donde compró una linda casa.

Cuando ella planteó por vez primera al esposo su deseo de mudarse a la Florida, adujo, y muy sinceramente, su interés en estar cerca de su hermano Roberto y de sus padres, a los cuales les era más fácil trasladarse a un pueblo cercano a la costa floridiana que a Nueva York.

Una mañana Batista me invitó a que le acompañara a una librería famosa de la Quinta Avenida, en Nueva York. Salimos, y fuimos andando hasta el establecimiento, donde adquirimos algunos libros y después entramos a una cafetería donde bebimos te. Allí me informó de la idea que Martha le había transmitido y me rogó que influyera con ella para que tal traslado se pospusiera. Pero que lo hiciera sólo si ella en alguna ocasión me hablaba del asunto.

Hicimos muchas consideraciones en derredor de los inconvenientes que se derivarían de una residencia muy cercana a Cuba. Tanto él como yo éramos partidarios de que se abstuviera de toda participación en las luchas políticas de aquellos tiempos, ya que era inteligente y con vistas a agigantar sus posibilidades de retorno al poder, marginarse de una lucha donde sólo lograría desgaste. Además, resultaba muy fácil y tentador para los periodistas volar a la Florida y sacarle declaraciones y no era hábil negarse a la prensa, y lo cual debería evitar por tanto tendría que hablar y declarar...

Pero nunca Martha expresó delante de mí sus intenciones. Lo hizo cuando ya había acordado un viaje a Florida para la siguiente semana. Aproveché la ocasión y expuse mi criterio de que aquel traslado perjudicaría los intereses políticos de Batista, y de manera muy notable. Ella argumentó con calor contra tal posibilidad.

A los pocos días, cuando regresaban de Nueva York en el tren, —esto me lo narró Carmen Gamero en seguida que tuvo una oportunidad— Batista se negó a comprar la casa que Martha había escogido. Y pegando con su puño muy fuertemente sobre la mesita portátil para comer, dijo: «Martha tú sabes que Mr. Acosta y Berenson, se oponen a este traslado. Y sabes que ellos me quieren mucho, y sólo desean mi bien. ¿Por qué te empeñas en una decisión que no me beneficia? No, Martha, no compraremos la casa.»

Semanas más tarde Fulgencio Batista compraba la casa de Daytona Beach y fijaba fecha para el traslado, abandonando posteriormente Nueva York.

Expuse al General mi decisión de no seguirle en aquel traslado. No insistió mucho en que los acompañara pues conociendo mi carácter sabía que serían muy frecuentes mis expresiones de disgusto por aquella determinación y ello contrariaría a la esposa y acaso produjera choques que era mejor evitar, y así me lo manifestó días antes de partir, en ocasión de un viaje que hicimos a la Academia Militar donde estudiaba su hijo «Papo». Al regreso, y rogándome que nadie se enterara de aquel obsequio, me regaló dos mil dólares. (Supongo que ese *nadie* sería su esposa.)

Debo advertir que durante el tiempo que trabajé con Batista en el Waldorf, Martha sostuvo las más cordiales relaciones conmigo, llegando a un trato familiar y siempre respetuoso.

Me despedí de ellos en el propio hotel sin acudir a la estación ferroviaria, alegando un compromiso familiar. Y no tuve más comunicación con Fulgencio Batista hasta agosto de 1951 cuando la dictadura de Marcos Pérez Jiménez en Venezuela me negó el visado de regreso a ese país, donde había quedado mi familia. Una llamada telefónica desde Camagüey, mi pueblo, me impuso de la gravedad de mi padre y volé a su lado. Al disponer mi regreso encontré que un cable circular a los consulados venezolanos de todo el mundo ordenaba no extenderme visado de regreso.

Trasladada mi familia a La Habana nos instalamos en un modesto apartamento del Vedado, mientras mi economía intervenida por la dictadura venezolana me colocó en precaria situación. Y de terminé visitar a Batista en su finca Kuquine, en la espera de alguna oferta de ocupación.

Batista me recibió en el acto, cordialísimo y expresando su deseo de que desistiera de mi regreso a Venezuela —nada le había informado del negado de visa— y me pidió que quedara a su lado para ayudarle en la campaña política. E indicó que de inmediato me pusiera a trabajar, por las mañanas en las oficinas centrales del Partido que estaban instaladas en una residencia grande del Vedado, ordenándome que, terminada mi labor en las oficinas regresara a Kuquine donde debía quedarme hasta la hora de la cena, que nunca fue antes de las nueve de la noche.

Le conté después lo de la negativa de visas y el quebranto económico por mí sufrido, y expresó alegrarse pues «de no haber sido por eso habrías regresado a Venezuela». Aquella expresión no me lastimó porque revelaba un sentimiento de afecto para mí.

Mi trabajo fundamental y básico en las oficinas era la redacción de notas informativas para la prensa y mi contacto con ella. Trabajo nada fácil ante la resistencia que hacían los cronistas políticos en la publicación de notas que promovieran la candidatura de Batista.

No recuerdo si fue en octubre o noviembre cuando propuse a Batista que debíamos alquilar varios espacios radiales en emisoras de segundo orden, entregando el manejo de ellas a hombres de nuestro grupo. Y que yo me encargaría de indicarles los temas en que deberían insistir, pero más que apoyando la candidatura de Batista atacando al gobierno para debilitarlo, pues eran tantos y tan evidentes los errores que constituían inagotable cantera. Y Batista aceptó, y comenzamos aquella campaña radial que, sin proponérnoslo ni sospecharlo contribuyó a facilitar el clima que propició el golpe del 10 de marzo.

El secretariado particular de Batista lo compartimos el joven Francisco Tabernilla Palmero, después general y yo. Trabajaba en Kuquine con nosotros un muchachote bueno y grandote llamado Carlos Perdomo cuyo padre era mecánico en la Sección Motorizada de la policía nacional y quien fue el hombre que sirvió de puente para mi primera entrevista con el entonces teniente de la policía motorizada, Rafael Salas Cañizares, más tarde general y jefe de la policía nacional. Perdomo vivía en un piso primero de cierto edificio en la calle Infanta de La Habana.

Batista me había provisto de un automóvil, pagándome la gasolina y el mantenimiento general del auto. Este pertenecía, lo supe después, a dos que el entonces teniente, posteriormente coronel, Florentino Rosell y Leyva le había facilitado al General como una contribución a su campaña política. Rosell, fue después jefe del cuerpo de ingenieros del ejército, por los seis años que duró el régimen batistiano. Fui excelente amigo de él y compañero de pesca, habiéndolo visto dos veces ya en el exilio, la primera en Miami y la segunda en un viaje que, con su esposa, realizó a Caracas, ofreciéndole en esa oportunidad una cena al matrimonio en mi casa y en la cual cantó el gran Fernando Albuerne.

Batista una vez en el poder, afrontó serios problemas familiares que le conturbaron en más de una oportunidad. Citemos, no ya su divorcio de la primera esposa después de unos largos amoríos con la que más tarde hizo su segundo matrimonio, sino casos desagradables para él, como la conducta de la menor de sus hijas tenidas con Elisa, y llamada Elisa Aleida, quien se fugó más de una vez del colegio en Estados Unidos. Ramón, hijo de Hermelindo, había sido tomado por Batista como un hijo más y lo envió a un colegio norteamericano por varios años antes de ocupar el poder, y ya en él hizo representante a la Cámara al sobrino quien terminó con hacerle el amor a una pariente política generando un escándalo en el Palacio, pues al presentarse ante Batista éste lo abofeteó, siendo la primera vez, que yo conozca, que Batista emplease la violencia con un familiar. Más tarde le vino el divorcio de su hija mayor. Mirtha, quien estaba casada con Tony Pérez Benitoa, a quien Batista quería mucho, divorcio que provocó muchos y variados comentarios en los círculos sociales de La Habana. Un concuño, el doctor Carlos Salas Humara terminó disgustándose con él cuando Batista no lo ascendió de subsecretario de Salubridad al cargo de Ministro en la primera crisis planteada en el Gabinete después del 10 de marzo. Salas Humara, con el apoyo de Martha, su cuñada, obtuvo una acta de representante a la Cámara, y ahí terminó sus relaciones con Batista, no visitándolo más en el Palacio.

Tenía Batista unos parientes lejanos, los Almaguer, nacidos en Banes, quienes lo asediaban constantemente con solicitudes varias y todas enderezadas al bienestar de ellos. Y diciéndose primos de Batista, lo cual no eran, presionaban a Ministros y funcionarios en procura de favores.

Pero lo que más afligía y conturbaba a Batista era la situación de su hermano Hermelindo víctima de un mal hereditario, que le llevó, finalmente, a la locura, pero cuyo proceso de desarrollo fue lento y angustioso. Hermelindo nunca estuvo ni en Kuquine ni en Palacio, y le conocí una vez, accidentalmente, en una cena que mucho antes del 10 de marzo ofreció un fotógrafo de apellido Báez en su casa. Báez sacaba un periódico semanal con truculentas fotografías de crímenes de toda índole, y el cual, según me dijo, le financiaba Hermelindo. Éste había hecho un pequeño capital durante el gobierno anterior de Batista, o séase, del año 33 al 34, y el cual le duró muy poco. Vino a reponerse, pero no notablemente, en el mando final de su hermano mayor.

El hecho de que los hijos del primer matrimonio se negaran a todo contacto con la segunda esposa, desagradaba a Batista, quien quería mucho tanto a Papo como a Mirtha, y a Elisa Aleida. Esta última sí estuvo viviendo, por pocos días y a su regreso de una fuga del colegio norteamericano, en Palacio.

Para acrecentar su dolor de origen familiar, Batista vio morir, víctima de cruel y rápida enfermedad, a uno de sus hijos del segundo matrimonio, ya en el exilio en Madrid. Según supe, este muchacho era el más inteligente y estudioso de todos ellos y se había destacado en la Universidad de Madrid como aventajado alumno en la materia físico nuclear.

Otro de los varones tenidos con Martha, casó con una muchacha nacida en San Sebastián, España, de muy distinguida y acomodada familia y a cuyos padres conocí, casualmente, en Madrid, pasando con ellos y mi esposa una deliciosa noche. Ese hijo, según versiones que me han llegado de Madrid está divorciado, pues hace vida disipada teniendo alquilado en París un departamento para sus francachelas. Batista, antes de morir, ya sabía de la difícil situación del matrimonio.

La casa de la famosa playa de Marbella adonde Batista solía acudir los fuertes veranos madrileños no era de su propiedad, como muchos suponían, sino de sus consuegros, quienes intimaron conmigo de inmediato y me contaron de los disgustos pasados en ocasión de haber Batista alquilado una mansión de ellos en la calle Pinar de Madrid. Y disgustos ocasionados no propiamente por actitudes de Batista sino por la de familiares de la esposa. El anecdotario es largo e increíble.

La mala suerte familiar de Batista se acrecienta con las decisiones adoptadas por la esposa después de la muerte del marido. Batista tenía una larga lista de protegidos a quienes mensualmente enviaba, a México y Estados Unidos, pequeñas cantidades de dinero que les ayudaban a sobrellevar el penoso exilio, y Martha canceló los envíos una vez sepultado su esposo. Suprimió también la paga del alquiler de la casita que un grupo de viejos veteranos de la guerra de independencia había tomado en Miami, a iniciativas del general Generoso Campos Marquetti, para reunirse allí y hablar del pasado y acariciar la tonta ilusión de un regreso a la Cuba de las altas y verdes palmeras.

Todos los años los niños cubanos residentes en Madrid o instalados allí en espera de visados de sus padres para viajar a EE.UU., recibían juguetes el Día de Reyes en la tienda por departamentos llamada Galerías Preciados, los cuales, sin que hiciera ostentación de ello, pagaba Batista; y esto Martha también lo suprimió. Y el caso más increíble y menos humano es la supresión de la pensión de cien dólares mensuales que Batista había otorgado a la viuda de Yoyo Hernández Volta, quien había sido, por años, edecán presidencial al servicio de la Primera Dama. «Yoyo», ya en el exilio, seguía ejerciendo funciones de edecán y falleció en Madrid, más víctima de la pena que de los años.

Batista había dispuesto, sin ser voluntad consignada en el testamento, que se publicara cada dos o tres meses un tomo de lo que él llamó «Archivo de Fulgencio Batista». Era un intento por reivindicar ante la historia su nombre. Martha Fernández Miranda viuda de Batista al llegar al tercer tomo dispuso la no continuación de aquella publicación destinada a sacudir de manchas el nombre del esposo muerto.

Dejo al lector que haga sus propias conclusiones en relación a la suerte que Batista tuvo con su familia.

UN FRÍO REENCUENTRO Y LOS
TRISTES Y VERGONZOSOS RECUERDOS

Vivía en Madrid con mi familia cuando supe que Batista se radicaría definitivamente en aquella ciudad, abandonando su residencia en Estoril, Portugal. Ya me había cruzado con él en Badajoz en uno de mis viajes por carretera a Lisboa. Y una tarde lo vi en el jardín de su casa portuguesa cuando atravesé Estoril para acudir a un almuerzo en el Yaht Club de Cascais. Pero Batista era para mí como un pedazo de triste historia, como un recuerdo grato e ingrato a la vez. Pero sentía que en lo íntimo de mi ser espiritual existía una tendencia afectuosa hacia él. Pero a mis años se siente con el cerebro, y uno intelectualiza sus sentimientos; si él me había abandonado a mi suerte en la isla convulsa, ¿existía razón para tomarlo en cuenta, ahora, precisamente cuando él era un simple adolorido, solitario y avergonzado exiliado más?

Ya instalado Batista en Madrid conocía quienes le visitaban, y a quienes solía invitar ocasionalmente a su mesa, eran muy pocos. Estaba consciente de la horrible soledad que lo rodeaba, y de lo mal que debería sentirse aquel hombre a quien circundaron tantos servidores. Y además, yo le sabía vanidoso de su poder, calculaba su tristeza y desaliento en aquella impotencia absoluta en que vivía. Y más de una vez estuvieron a punto de prevalecer sobre mi inteligencia las debilidades de mis sentimientos y resistí la inclinación de hacerle periódicas compañías.

De vez en cuando algún cubano ligado a él más por intereses que por afecto, viajaba de EE. UU. a España para visitarle. Y se alegraba tanto que lo invitaba a los *tablaos* permaneciendo en ellos hasta la madrugada. Y quien nunca cenó, participaba de pantagruélicas comidas en altas horas de la noche. La soledad lo angustiaba y la carencia de todo poder lo torturaba.

Se sentía tan terriblemente solo, que conozco a algunos a

quienes envió pasajes y pagó lujosos hoteles madrileños para que le hicieran compañía, comprando así interlocutores. Él, que había sido la voz suprema de Cuba, se veía obligado al lenguaje doméstico y a la conversación intrascendente relativa a los problemas cuotidianos del padre de familia común. Un simple policía madrileño podía hacer detener su automóvil en cualquier esquina y extenderle una boleta con multa a su chofer. Y la alta sociedad madrileña, tan castiza y tan exigente, no le había abierto sus puertas. Y para acomplejarlo más, él, que habló al Congreso norteamericano usando la lengua de Shakespeare y había recibido vítores del pueblo a su entrada en el Capitolio de los EE. UU., sufría la determinación norteamericana de no extenderle visado para entrar a ese país. Él, que había sido noticia de primera página por años en los diarios cubanos, se veía ausente de toda mención en la prensa española y entraba y salía de España en sus viajes a Portugal con la intrascendencia de un Juan Pérez cualquiera. Y ese recurso de cualquier exiliado de echarse a andar por las calles observando vitrinas y tomando café en cualquier sitio, a él le estaba vedado, porque de una parte no cuadraba a su pasada jerarquía y de la otra corría el peligro de una agresión. Estoy seguro de que no conoció de Madrid lo más vernáculo y lo más importante de ver en aquella añeja y gran ciudad.

Todas las anteriores consideraciones me conmovían profundamente. Yo le había querido mucho, y conocido más, y me angustiaba el pesar que padecía. Y varias veces me flaquearon las fuerzas de la voluntad y estuve a un tris de quebrar la decisión de que me fuera indiferente, en sus bienes y sus males.

Muchos íntimos míos no comprendían mi posición. Y otros, que no lo eran, tenían todos los derechos y las razones para hacer las especulaciones que se les ocurrieran en torno al distanciamiento de estos dos hombres que vivían en la misma ciudad y nunca coincidían.

Batista trató en más de una ocasión de establecer contacto conmigo, valiéndose para ello de mutuos amigos. Todos encontraron resistencia de mi parte, pues consideraba que un reencuentro con Batista no serviría para nada, ya que las explicaciones a aquella altura y no cabiendo posibilidad de rectificación de ninguna clase, más bien sería de consecuencias desagradables.

Disgustado Batista con los Tabernilla, quienes lo habían acusado públicamente de haber entregado deliberadamente el poder a los comunistas, un amigo me preguntó que si yo atendería al General si él me llamaba a casa telefónicamente. Le dije que sí, y tal vez determinó esta decisión más que el afecto, ya entibiado por no decir que extinguido, la curiosidad de oír como pensaba ese hombre, y en la esperanza de escucharle alguna disculpa a los errores que había cometido. Y Batista me llamó en la noche siguiente, y me invitó a tomar un whisky con él en su residencia de la calle El Pinar.

Ordené pulir mi Mercedes Benz 220-SE, porque quería hacer ostensible ante él y los de la casa, que no estaba en la penosa situación de muchos exiliados que se veían obligados a solicitarle ayuda.

Era una vieja casa madrileña, de dos plantas. Un salón recibo, con muebles tapizados en ya roídas telas y de aspecto deplorable, parecía propiedad de un rico venido a menos. Esperé a Batista durante quince minutos conversando con Carmen Gamero. Molesto por aquella larga espera, y la que Batista propiciaba deliberadamente siempre, pues aseguraba que eso desmoralizaba un poco a los visitantes, le dije a Carmen: «Dile al General que no me haga esperar, que yo conozco su táctica, y que si no baja en cinco minutos más, me voy.» Carmen subió las escaleras y tres minutos después las bajaba Fulgencio Batista. Su aspecto era estupendo aunque ya muchos hilos de plata aparecían en sus cabellos. Me lució fuerte, como antes. El saludo no fue lo efusivo que yo esperaba, sino como aquel que se dispensa a un amigo a quien hace un mes más o menos que uno ha dejado de ver. ¡Y llevábamos seis largos años sin saludarnos!

La conversación que giró sobre temas generales de España y de América, sin citar una sola vez a Cuba, se desenvolvió cordial. Advertí que estaba más al día y con visión más realista de los problemas políticos y sociales de nuestra América. Pero al hablar de Perón estimó que el general argentino había puesto punto final a su carrera política, por cuanto llevaba ya muchos años fuera de su país y la ausencia daña a los políticos. Se volvió a equivocar, pues Perón años más tarde moría siendo Presidente argentino y gran líder nacional.

Cuando nos trajeron los whisky apareció Rubén —Papo— el hijo, sorprendiéndome el que estuviera en casa de la segunda esposa. Se unió a la conversación, y al poco rato se dispuso a levantarse intentando retirarse, diciendo: «Supongo que ustedes tienen algo privado que hablar.» Yo salté rápido en soltarle: «No, no te vayas, entre tu padre y yo nada hay que tratar en privado. Siéntate, por favor». Batista cambió de color. Me había entendido, y le había dolido la altanería de mi expresión, que estuvo acompañada de un gesto de verdadera indiferencia. Y en aquella entrevista, que duró aproximadamente una hora, no sonó, una sola vez, la palabra Cuba.

Batista me acompañó hasta la puerta que daba a la calle, y me dijo: «Me gustaría que hablases con Camus. Tú lo conoces, verdad?» Y le pregunté sarcásticamente: «¿Al gran escritor, al filósofo...?» Volvió a demudarse, y me contestó: «No, Fernández Camus el que era Presidente del Tribunal de Cuentas. Me gustaría que hablaras con él, tiene un proyecto editorial.»

Comprendí la situación de aquel hombre, sin amigos, despojado de aquella corte que por espacio de seis años lo rodeó y le aduló. Y, además, ya le había golpeado bastante. Le dije que al siguiente día llamaría a Fernández Camus. Pero nunca lo llamé.

Pero sí almorcé con Papo, pues durante la conversación habíamos convenido hacerlo, y concertamos cita para el mediodía siguiente. A éste le señalé las discusiones que había tenido con su padre en relación a infinidad de actitudes y disposiciones que consideré erradas y peligrosas. Y recuerdo que Papo me dijo que *no era grato tener al lado siempre a una persona que lo contraria a uno.* Yo le contesté que siempre ha sido mejor para los gobernantes rodearse de peligrosos aduladores, como su padre lo había hecho. Y la conversación se entibió terminando el almuerzo con una charla sin trascendencia que giró sobre las ventajas de vivir en la España de aquella época.

Nada ni nadie podía tender un puente para restablecer la intimidad sincera entre Batista y yo. Para mí, era como el triste y vergonzoso recuerdo de una mujer amada que me hubiera sido infiel.

ÍNDICE

Prólogo a un libro valiente 7
Huida de Cuba y las peripecias de un viaje 15
Horas de confusión. El 22 de diciembre 25
Batista huye: Me han dado un golpe de estado 33
10 de marzo: Un golpe incruento 39
Un general que no gustaba de los uniformes. Los militares querían el poder 53
Primeros adherentes. Batista y la prensa 59
Alcaldes y gobernadores se suman al golpe 67
Castro aparece, Martha, enseña las uñas 69
Llega la política Masferrer. De las letras a las armas. Nace el PUR. ¿En la oposición o en el Gobierno? 77
Batista, ¿practicante vicioso de la violencia? 85
Carlos Prío, otra vez revolucionario 89
Una economía en marcha: Llega el «Gramma». Un general se estrena 93
Para ahorrar $ un millón, Batista tolera a Fidel . . . 99
Ejército desarmado y prostituido 107
Aquellos amigos de la República 111
Otro subproducto: Enanismo senatorial 115
La mejor aliada de Castro: La corrupción 119
Batista y los comunistas 127
Y Batista estableció la censura 131
Histórica reunión en Columbia. Un general y un coronel desertan 135
Relaciones Washington-Batista 139
Batista: El hombre 145
¿Un asesino? 153
Buen carácter del general 159
Del Waldorf a Daytona Beach. Desventuras familiares . . 163
Un frío reencuentro y los tristes y vergonzosos recuerdos . 169

Este libro acabóse de imprimir el día 30 de diciembre de 1977, en el complejo de Artes Gráficas MEDINACELI, S. A., General Sanjurjo, 53, Barcelona-25 (España)

www.ingramcontent.com/pod-product-compliance
Lightning Source LLC
Chambersburg PA
CBHW031247290426
44109CB00012B/477